Pubblicità - Edizione italiana

Con Arthur H Tafero

Include piani di lezione in italiano

avanti

Io sono un professore di marketing, perché mi piace immensamente. Mi piace guardare la creatività dei miei studenti universitari sviluppano da osservatori a proattivo maniaci di marketing. Alcuni ottenerlo e altri no; proprio come nella vita reale su Madison Avenue. Ho avuto la fortuna di riuscire a pubblicità in età molto tenera (18) e ritirarsi in contabilità analitica a Wall Street. Ero più a suo agio con i numeri. Ho appena non ho avuto la creatività ha preso per andare al livello successivo della mia agenzia di pubblicità. Ci siamo lasciati in buoni rapporti e ho imparato molto mentre ero lì.

Nel 1965, la pubblicità era ancora un business nelle sue fasi di sviluppo. Pubblicità televisiva era ancora un mistero per la maggior parte delle agenzie di pubblicità di Madison Avenue, al momento. Olgilvy e Mather sembrava di essere abbastanza bravo a farlo, ma molte altre agenzie annaspava in quella sede. Non c'erano i computer per fare facile la ricerca allora. Tutto doveva essere fatto con libri, biblioteche e uscire per fare le indagini. La ricerca è stata un po 'più impegnativa fisicamente allora. Non c'erano i telefoni cellulari per archiviare i dati. Hai fatto un sacco di scrittura su blocchi per appunti giallo. I ricercatori hanno usato per ottenere crampi nelle loro mani dal prendere così tanti appunti.

Non c'era internet, non Wikipedia, non i motori di ricerca o anche un posto per memorizzare i dati. L'elaborazione dei dati è stato mantenuto su schede dattilografici e stampato su carta ingombranti che è andato avanti e avanti con noioso nero su numeri bianchi e testo. Si potrebbe andare ciechi o andare a dormire semplicemente leggere per un'ora. Ogni azienda ha i file; e voglio dire un sacco di file. Archivi cartacei. Un posto come Metropolitan Life Insurance ha piani di uffici che non avevano nulla, ma archivi cartacei. Come le persone potrebbero lavorare lì e mantenere la loro sanità mentale era al di là di me.

Sì, la pubblicità era ancora una scienza inesatta (e lo è ancora per questo) nel 1965 Ci sono stati spot televisivi maldestri con scatole balli di sigarette di Chesterfield, terribili spot radio con alcuni accademico (come me) venire a spiegare il motivo per cui si dovrebbe comprare un certo prodotto che potrebbe aumentare la capacità del cervello, annunci sui giornali poco brillanti che non avevano didascalie sotto le loro immagini o titoli per il loro annuncio, e alcuni cartelloni veramente orrende sul modo in Florida che praticamente aveva la metà della Costituzione scritto su di loro mentre si stavano guidando passato a 60 miglia all'ora e aveva circa cinque secondi per leggerlo.

La pubblicità ha fatto molta strada da allora, ma è importante non dimenticare le basi della grande pubblicità, che credo David Ogilvy aveva catturato nel suo testo classico, Confessioni di un pubblicitario, uno dei libri che uso per insegnare a mia università studenti della YUFE (Yunnan University of Finance and Economics), una delle principali università cinesi per le imprese in tutto il paese. E se non avete notato ultimamente, la Cina e il suo buon senso economico hanno cancellato tutti gli altri paesi in termini di PIL negli ultimi dieci anni. A dire il vero, ci sono ancora punti deboli dell'economia cinese (come ci sono in tutte le economie), ma gli studenti cinesi sono nati con il gene imprenditore (oltre il 5% della popolazione ha cercato di avviare una nuova attività); vale a dire oltre 65 milioni di imprese.

Il rovescio della medaglia di quel numero è che il 92% di queste imprese falliscono entro tre anni secondo i servizi di prestito d'affari presso la Banca di Cina. Tuttavia, che non si ferma alla prossima ondata di soldati di andare sopra le righe direttamente nel fuoco mitragliatrice del mondo degli affari.

Come in guerra, nessuno pensa mai che sarà il prossimo a cadere nella linea di fuoco.

Tre ragioni principali del fallimento di oltre il 90% di tutte le piccole imprese in Cina sono le seguenti; (1) pubblicità poveri, (2) competenze tecnologiche poveri, come nel creare e mantenere un sito web che sviluppa un flusso di entrate affidabile, e (3) una netta mancanza di comprensione dell'importanza di avere una nicchia, o un approccio molto singolare. Queste e molte altre questioni e principi di buona pubblicità saranno discussi nella seguente lezione di piano delinea. Spero che tu profitto dal contenuto.

Arthur H Tafero
scrittore
Amazon.com
Professore di Marketing
Yunnan University School di Economia e Finanza
proprietario
AskMrMovies.com

Sommario

Pubblicità

Struttura del corso

Questo schema corso per Pubblicità comprende, ma non esclusivamente, le seguenti:
Chiarezza dell'obiettivo, Ruoli desiderato di pubblicità, Target Segmentazione, Chiarezza del
messaggio, motivi per acquistare, Credibilità della Value Proposition, Consumer Action
desiderato, Relatività di Target di mindset, scelta del mezzo, PPC (pay per click), SEO (search
engine optimization) selezione di parola, grafica pubblicitaria, elementi pubblicitari, e un esame
delle classiche proposte pubblicitarie da un maestro dell'arte, David Ogilvy. Aree incluse sono:

Come gestire un'agenzia di pubblicità, Come ottenere i clienti, Come mantenere i clienti, Come costruire grandi campagne, Come scrivere Copia Potente e altri. Inoltre incluso nel corso saranno quattro lezioni si concentrano sui temi della pubblicità e delle vendite in Cina.

Primaria Testo Insegnamento:

Confessioni di un pubblicitario - David Ogilvy

Istruttore: Arthur H Tafero, MA, Columbia University

Introduzione alla Lezione One

Così si vuole essere nella pubblicità. Hai visto ogni episodio di Mad Men e fatto avete la passione per la possibilità di essere il prossimo Donald Draper. Lasci perdere; è solo uno show televisivo ed è di almeno 50 anni dietro i tempi. E 'stato prima di telefoni cellulari, computer, internet, DVD, TV via cavo, CD, e una miriade di altri progressi tecnologici che rendono quasi tutto nello show obsoleto. Le aziende avevano siti web. Flussi di entrate e problemi SEO erano inconcepibili.

Tuttavia, quando si trattava di catturare l'elemento umano della pubblicità, Mad Men praticamente è in un campionato a sé stante ed estremamente preciso. Dirigenti pubblicitari sono spietati, avidi, ambiziosi per un guasto, ossessionata, guidato e più. Alcuni hanno etica, ma la maggior parte non lo fanno. Si dovrà decidere di persona come etica sarete. Può essere etico e ancora fare scads di soldi? David Ogilvy ha fatto ed è per questo che lo sto usando come un modello di ruolo. Il suo libro illustra chiaramente che il business della pubblicità non è tutto divertimento e giochi. Perché le persone fanno? Perché se hai successo, si farà dieci volte i soldi qualcuno che lavora in un ufficio o di un istituto di istruzione fa.

Ecco un piano di schema della lezione che esamina alcuni principi di base della pubblicità.

Lezione 1 - Generale Pubblicità Elements

1. Chiarezza dell'obiettivo: Qual è il motivo per cui state facendo pubblicità, che cosa è che si è fuori per raggiungere - questo dovrebbe essere molto chiaro perché questo è il fondamento per la creazione della campagna pubblicitaria. SRS Valore Bazaar può piacere a posizionarsi come il luogo per i migliori prodotti e prezzi. Considerando che, Exxon può piacere a rassicurare la gente su un approccio eco-friendly della loro attività.

2. Ruolo Voglio Pubblicità: Vuoi introdurre un nuovo prodotto o servizio? Vuoi salire le immagini del tuo brand? Vuoi il marchio ad assumere un ruolo di leadership? Volete che il vostro marchio di impegnarsi suoi consumatori? Vuoi guidare su prove? Vuoi cambiare la percezione? Metti il tuo dito su questo primo modo che si può spingere la leva destra.

3 Obiettivo Segmentazione: Chi sono le persone che si desidera parlare in modo mirato - vale la pena di costruire nei loro bisogni e aspirazioni, motivazioni, atteggiamenti, prospettive nella vostra comunicazione. Sto guardando i giovani che sono alla ricerca di un nuovo pub alla moda, o sto parlando di un giovane padre di famiglia che è un obiettivo primario per il mio prodotto di assicurazione?

4 Chiarezza del messaggio: chiarezza comprende anche croccante unilateralità della vostra proposta. Ricordate che è la caparbietà della proposizione, i cui componenti edificio può essere più di uno. Il quadro più grande di messaggistica non dovrebbe essere cinque cose diverse, ma la cosa potente che è il risultato di queste cinque cose diverse.

5 motivo per comprare: il motivo per cui si ritiene che il set di destinazione troverete il vostro marchio offrendo diverse, pertinenti, emozionante, problem-solving, invitante ...

6 Credibilità del valore-proposizione. Crucial, se non si desidera la gente a capovolgere la pagina o zap il canale.

7 desiderata azioni dei consumatori: Cos'è che lo vuole fare come risultato della vostra comunicazione: sento fiducioso dopo aver utilizzato il prodotto, pensare meglio di voi, visitare il vostro negozio, acquistare on-line, per chiedere una demo ...

8 relatività con mentalità corrente del set di destinazione. Se nelle persone scenario di oggi vogliono la conservazione del capitale prima, allora questo potrebbe non essere il momento di spacciare ad alto rischio, ad alto ritorno small cap fondo comune.

9 scelta del mezzo: tv, web, giornali e riviste, radio ... I loro attributi e comportamenti di consumo da parte dei consumatori a definire il tipo di pubblicità, a volte impatto è in fase molto concettuale. La larghezza di banda offerta dalla combinazione di audio, video, web e grafica può essere spettacolare.

10 Lo spazio e la necessità di esagerazione vivida, metafore, trattamento inaspettato, essenzialità. Niente pianura spicca troppo, è necessario costruire in alcuni momenti salienti.

11. Le offerte per PPC (pay per click) campagne

12. bilanci tali campagne PPC
Senza questi due elementi il concetto di successo e di una maggiore ROI non può mai essere raggiunto. Come si fa a trovare la migliore offerta e il budget per la tua campagna PPC?
Alcuni servizi di gestione PPC che vi aiuteranno nella gestione delle campagne
• costi di gestione
• Indagare nel valore di un click
• Sapere quando smettere di spendere di più
• bilanci funzionando bene
• Funzionamento del sistema di offerta strategicamente
Tuttavia, mentre a partire le campagne due domande devono essere intrattenuti correttamente sono
un. Come possiamo generare lead di alta qualità?
b. Come possiamo generare alti volumi di cavi?
Mantenere l'equilibrio tra queste due domande diventerà la chiave per l'offerta e budget per le tue campagne PPC.

ICA e HW 1

Rispondi alle seguenti saggi

1 Come si può generare lead di alta qualità?
2 Come dovremmo scegliere il nostro mezzo per la pubblicità?
3. Perché è la segmentazione obiettivo importante nella pubblicità?
4 Qual è il ruolo desiderato di pubblicità?

Ulteriori risorse di Internet per questa lezione:

risorse generali

http://www.askmrmovies.com

Crazy People (1990) Grande Dudley Moore film sulla pubblicità

professionali Pubblicità

shinyads.com/solutions/self-serve-pro/

Elementi di adverting

www.adsavvy.org/5-elementi-di-un-grande-advertisement/

Introduzione alla Lezione Due

Così si vuole essere notato per il nuovo manifesto o di un sito web di annunci. Pubblicità progettazione e gli elementi che rendono un design di successo sono importanti per voi a leggere e capire prima ancora di iniziare a tentare di prendere d'assalto il mondo con la vostra campagna pubblicitaria brillante. Ecco uno schema piano di lezione piuttosto lunga (potrebbe essere saggio per suddividerlo in due lezioni, in realtà), che prende in esame alcuni dei principi fondamentali per praticamente ogni dettaglio del tuo annuncio proposto. Che la Forza sia con te.

Lezione 2 - Advertising Design

AVVISO questo annuncio!

13 Advertising Design: Attenzione è sempre al primo

Questo è semplice. Se le persone non si accorgono tuo annuncio, le probabilità di successo è esattamente zero. La tua pubblicità progettazione deve assolutamente ottenere l'attenzione prima.

La ricerca indica che l'85% degli annunci non farti guardò, non importa quanto costano a produrre. Bisogna vedere se si vuole l'azione. Provate a immaginare di perdere l'85% dei vostri clienti perché il tuo annuncio non distinguersi dalla folla. [O pensare di aumentare la risposta ai tuoi annunci di sei volte prima che si ottengono notati].

14 Advertising Design: Imagery

Forte immagini è il migliore getter attenzione. Una foto è veramente vale 1.000 parole quando si tratta di ottenere attenzione. Gli annunci che dispongono di grandi immagini [60% -70% della pubblicità è la foto] punteggio più alto per la potenza frenante.

Ma è necessario fare in modo che si ottiene il giusto tipo di attenzione. Un grande, bella, immagine a colori di un modello nudo ti porterà un sacco di attenzione, ma non il tipo che si desidera. Non lasciate che un grande quadro dettare il vostro disegno pubblicitario. E 'fondamentale per la vostra immaginazione per abbinare il vostro messaggio. Le vostre foto devono corrispondere la vostra copia, e insieme devono trasmettere il messaggio desiderato. Questo è probabilmente l'errore più comune in grafica pubblicitaria. Le immagini non hanno molto a che fare con il prodotto o il servizio, o non trasmettere il messaggio giusto. Se la foto vende lussuria o l'umorismo, e si stanno vendendo la sicurezza, il contrasto mentale confondere tutti, ma i lettori più determinati. La gente passare da voi, perché la ragione per cui sono stati attratti al tuo annuncio [il quadro] non corrisponde a quello che stai vendendo. Lei ha attirato l'attenzione di sbagliato con il vostro disegno pubblicitario.

15 Advertising Design: Contrasto

Se le immagini è il primo modo per attirare l'attenzione con il vostro disegno pubblicitario, allora il contrasto è sicuramente il secondo modo. Il tuo annuncio deve contrastare con gli altri annunci sulla pagina. Ecco perché è fondamentale per i progettisti di vedere il supporto reale sarete pubblicitarie in. Se il tuo annuncio si fonde solo con tutto il resto della pagina, si sta sprecando il vostro denaro. Se il graphic designer non si preoccupa dove appare il tuo annuncio - lui o lei sparare.

Ancora peggio che mescola in, i clienti potrebbero confondere il tuo annuncio annuncio del vostro concorrente. Volete che il vostro disegno pubblicitario per dare alla vostra azienda un look unico che contrasta con gli altri annunci intorno ad esso.

16 Advertising Design: Be Different

Se le immagini è il primo, e il contrasto è secondo, quindi essendo diverso è il terzo modo per attirare l'attenzione con il vostro disegno pubblicitario.

Le persone sono attratte da insoliti, nuovi, divertenti, cose diverse. Hai bisogno di spingere il vostro disegno pubblicitario più lontano dal tuo lato conservatore come la vostra forza di volontà vi permetterà. Può essere difficile, ma non ascoltare quella vocina nella tua testa che ti dice di fare una tranquilla, calma, ad conservatore. Si tratta di risultati. Prendi un po 'pazzo con il vostro disegno pubblicitario.

Se si vive in America del Nord, allora avete visto il meglio della pubblicità nel mondo. Gli americani sono soggetti alla pubblicità più alta qualità mai creato - ogni giorno. Giudica il tuo proprio disegno di pubblicità dalla concorrenza assolutamente brutale che si faccia. Gli annunci devono uscire in cima. Advertising Professional è circa ottenere risultati, e di essere un po 'diverso è sicuramente parte della formula.

17 Quanti clienti Avete veramente bisogno?

Questa domanda può sembrare strana venendo da noi, ma siamo seri. Si tratta di massimizzare il vostro dollaro di pubblicità. Avete veramente bisogno di raggiungere tutti, o solo abbastanza persone per mantenere il vostro business in crescita più forte ogni anno?

Alle agenzie di design di pubblicità, si dice spesso che il miglior lavoro finisce sul pavimento della sala taglio. Le aziende spesso vogliono che i loro annunci di essere sul lato conservatore. Non troppo forte, non troppo rischioso. , Annunci attirare l'attenzione forti sono tagliati. Ma c'è un compromesso fatto con questa decisione.

18. annunci conservatori non ottengono l'attenzione. Sono conservatori. Essi saranno, nel lungo periodo, rendere il vostro look business altamente professionale e tradizionale. Ma la strategia conservativa di pubblicità progettazione è di circa il percorso più costoso è possibile scegliere. Avete veramente bisogno di essere pensato come conservatore? Anche IBM ha ora venerdì vestito-down. Computer Dell utilizza un portavoce adolescente forte. Merrill Lynch utilizza un elefante in un negozio di porcellane. Forse, [forse], se siete una banca, un ospedale, un non-profit, o un'impresa di pompe funebri, la pubblicità di progettazione conservativa è la strada da percorrere. Ma gli annunci conservatori non ottengono l'attenzione.

E avete bisogno di attenzione.

Noi non stiamo avallando pubblicità progettazione rischioso qui. Ma chiedetevi quanti clienti ho bisogno? Se il mio annuncio a forma di viola e rosa forte-felice-divertente-sexy-strano-brillante-strano ottiene l'attenzione della metà delle persone là fuori, forse è tutto quello che mi serve. Se si lascia alcune delle persone conservatrici dietro con il vostro disegno pubblicitario, che è OK. Per ottenere l'attenzione con il vostro disegno pubblicitario, potrete massimizzare il vostro dollaro di pubblicità. Pubblicità conservatore è molto, molto costoso. Non impazzire, e tenere sempre il vostro target di mercato in mente, ma allungare per ottenere l'attenzione con il vostro disegno pubblicitario. S-T-R-E-T-C-H per attirare l'attenzione!

19. Pubblicità Progettazione: Utilizzo di foto e illustrazioni
Questo è anche facile. Pagare per la migliore fotografia più appropriata o illustrazione a disposizione,. Acquista, possederlo, tenerlo, e usarlo per sempre. Forse costa $ 100, o anche 300 dollari. E 'assolutamente la pena.
C'è una scorta infinita di fantastiche foto a vostra disposizione. C'è una foto perfetto là fuori per il vostro business. I database sono decine di milioni di super fotografie di alta qualità e illustrazioni. Trovare quello giusto che trasmette il vostro messaggio, e siete a metà strada per un annuncio altamente efficace.
In alternativa, se si utilizza un povero fotografia, avete appena tagliato l'efficacia della tua pubblicità progettazione a metà. Ricordate, le aziende che tagliano gli angoli sulla produzione grafica pubblicitaria stanno sprecando una grande percentuale del loro budget pubblicitario. Pagare per la produzione di alta qualità in attacco, e usarlo per sempre. Il costo di produzione è banale in confronto al costo del supporto. Non sprecate il vostro denaro lesinando sul buon design di pubblicità.
E, naturalmente, c'è una questione di qualità di riproduzione fotografica nel supporto scelto. Ogni giornale è stampato su un diverso tipo di stampa. Ogni pressa è diversa, ed ogni stampante è diversa. È compito del progettista per sapere come ottenere la migliore qualità di riproduzione foto dalla stampa specifico che viene utilizzato. Tu non vuoi le tue foto a guardare come il fango sul giornale.

20 Advertising Design: La psicologia del colore nella pubblicità
Capire come i vostri clienti interpretano il colore nella vostra pubblicità può essere molto importante. In primo luogo, le diverse culture interpretano i colori in modi diversi. Giallo rappresenta la gelosia in Francia, in Grecia la tristezza, la felicità negli Stati Uniti, ed è sacra in Cina. La morale, ovviamente, è il vostro target di riferimento.
Il rosso è per l'eccitazione in grafica pubblicitaria. E 'comunemente usato per l'automobile e la pubblicità dei prodotti alimentari. Il rosso è la passione e il sesso, il pericolo, la velocità e potenza.
Il giallo è un grande grabber attenzione nella pubblicità di progettazione. E 'il sole, il calore e la felicità. E 'il primo colore processi occhio.
Il blu rappresenta l'affidabilità, la fiducia, la sicurezza, e la tecnologia. Questo è il motivo per cui le aziende utilizzano spesso blu, verde, verde acqua, grigio o nella loro pubblicità. Blu è anche

fresco e di appartenenza.

Nero rappresenta la raffinatezza e la forza. E 'elegante e seducente. Per il prodotto giusto, il nero è un grande colore.

Il verde è un colore fresco fresco. E 'la natura e la primavera.

Viola è royalty. E 'dignitoso e raffinato.

Rosa è morbido e femminile. E 'la sicurezza e la dolcezza.

White (bianco) è per la pulizia e la purezza nel design pubblicitario. E 'giovanile. Ma questo non significa che sia per i giovani. I giovani [teenager e tween] preferiscono colori più alla moda, come la malva e verde acqua.

C'è anche uno spazio bianco da considerare nella progettazione di pubblicità. Senza spazio bianco, non è possibile leggere il testo. Foto perdono il loro impatto, e l'annuncio perde l'equilibrio. Lo spazio bianco può essere la componente più importante del vostro disegno pubblicitario.

L'oro è costoso e di alta classe.

Orange è giocoso. Si tratta di foglie di autunno, il calore e la vitalità.

L'argento è prestigioso. Esso rappresenta il freddo e la scienza.

Non dimenticare che ogni stagione ha i suoi 'colori propri, e la moda cambia ogni pochi minuti []. Se si sta cercando di essere alla moda con il vostro disegno pubblicitario, allora devi tenere il passo con le tendenze.

È tutto questo è importante? Tutto in progettazione pubblicità è importante.

Quando il colore è usato correttamente, aggiunge impatto e chiarezza al tuo messaggio.

Quando il colore è usato in modo non corretto, può compromettere il vostro messaggio e confondere il pubblico di destinazione.

Il colore può attirare l'attenzione, portare l'occhio, e aggiungere enfasi. Può essere usato per mostrare la continuazione e relazionalità, oppure può differenziarsi. Colore genera sicuramente emozioni e associazioni. Colore ha un significato per le persone, ed è necessario fare in modo che i colori dicono la cosa giusta per i vostri clienti. Non lasciate che la pubblicità di progettazione poveri distruggere la vostra campagna di marketing.

Ecco un esempio veloce. In finanza, il colore rosso significa perdita. In ingegneria, significa caldo o pericolo. In campo medico, significa pericolo o di emergenza o di salute. Si vuole fare in modo che non si invia il messaggio sbagliato utilizzando il colore sbagliato. Un graphic designer di alta qualità saprà la differenza.

Advertising Design: elementi di design

Gli elementi di design di pubblicità sono i componenti di una pubblicità che i piani di graphic designer. L'elenco che segue vi aiuterà a capire meglio quello che grafico sta parlando.

Colore - I colori sono considerati in termini di intensità e luminosità. Come visto sopra, come viene utilizzato il colore nella progettazione di pubblicità può avere un grande impatto sul modo in cui viene interpretata dai vostri clienti.

Valore - Valore descrive la luminosità o l'oscurità di un colore.

Line - Una linea è esattamente quello che si pensa che è - un segno continuo che collega due punti.

Forma - Le forme sono due dimensioni, o appartamento. Una forma è l'altezza e la larghezza solo in grafica pubblicitaria.

Forma - Le forme sono tridimensionali - altezza, larghezza e profondità. È possibile ottenere il volume e la massa con la forma.

Texture - Texture descrive la superficie di un oggetto. L'artista rende l'oggetto per dare un'idea di come si sentirebbe al tatto.

Space - Nel design pubblicità, spazio descrive la distanza tra e intorno agli oggetti.

Balance - Balance descrive l'uguaglianza degli oggetti nel tuo annuncio. Con equilibrio simmetrico, entrambi i lati del tuo annuncio sono gli stessi. Con equilibrio asimmetrico, ogni lato è diverso ma uguale. Equilibrio radiale significa che l'annuncio è bilanciata attorno ad un punto focale.

Contrasto - Contrasto descrive il grado di differenza tra gli oggetti. Si ottiene l'attenzione e aggiunge eccitazione.

Enfasi - Enfasi e contrasto sono davvero la stessa cosa in grafica pubblicitaria. L'artista crea un punto focale o enfasi nel suo annuncio, rendendo contrasto con le altre parti l'annuncio.

Proporzione - Proporzione descrive come i singoli elementi del tuo annuncio in relazione tra loro e con l'intero pezzo.

Pattern - Un modello è esattamente quello che si pensa che è - qualcosa ripetuto più e più volte.

Ritmo - Ritmo dà la vostra pubblicità progettare la sensazione di movimento o di azione. L'artista pone oggetti o crea modelli in modo che l'occhio segue un percorso. Il percorso segue l'occhio nella pubblicità è molto importante, perché si desidera che il lettore a finire al vostro invito ad agire [come al tuo numero di telefono]. Se l'occhio del lettore si ferma al posto sbagliato nel l'annuncio, la chiamata per un intervento immediato può essere visto troppo presto, o per niente.

Unity - Unity descrive come tutta la pubblicità lavora insieme come unità completa.

Variety - Variety descrive la complessità di un lavoro. Nella pubblicità, posta in particolare diretta, una grande quantità di varietà mantiene il lettore impegnato e coinvolto con il pezzo. Più a lungo il lettore è impegnato, meglio le probabilità di consegnare il messaggio sono. Ecco perché alcuni annunci sono piuttosto occupato - tengono il lettore interessato.

ICA e HW 2

Rispondi alle seguenti domande saggio

1. Perché è sempre il tuo annuncio notato importante nella pubblicità?
2. Perché sono importanti i colori nella pubblicità?
3. Perché è la pubblicità di progettazione importante nella pubblicità?
4 Perché la spaziatura importante nella pubblicità?

Ulteriori risorse di Internet per questa lezione:

risorse generali

http://www.askmrmovies.com
È nata una stella (1954) Questo film Janet Gaynor è un classico su come ottenere "scoperto"

Advertising Design
www.wisegeek.com/what-è-pubblicità-design.htm

Colore in Pubblicità

library.thinkquest.org
  Introduzione alla Lezione Tre

    Ora entriamo nel mondo stravagante di David Ogilvy e il suo introito estremamente
personale in pubblicità classica. Il signor Ogilvy esamina fini di pubblicità, gli elementi di
pubblicità, e lo scopo di questi elementi. Finché Lezione 2 era, questa lezione è estremamente
breve e può essere appiccicato alla seconda parte della Lezione 2 Tuttavia, solo perché Ogilvy
è breve non significa che non è profonda nella sua incisività. Provate a dare ciascuno dei suoi
brevi istruzioni vostra massima attenzione; sarete ricompensati se lo fate.

Lezione 3 - lo scopo della pubblicità

Pubblicità Elementi del Finalità
1 Titolo Ottiene attenzione
2. Promises benefici Costruisce interesse
3. Immagini il risultato di benefici Builds interesse
4 mostra la prova Builds desiderio
5. differenzia costruisce desiderio
6. fa un'offerta Builds desiderio
7. chiede per azione provoca l'azione

Esempio di una pagina web, pubblicità, con tutti questi elementi fatto bene:

http://bellagenix.com

1 Headline - Guarda 10 anni più giovane! - Ottiene l'attenzione da quasi ogni donna over 30
2. Promises Vantaggi - stringe e rassoda la pelle, riduce le rughe, migliora la chiarezza della pelle! - Costruisce interesse per quasi ogni donna over 30
3. Immagini L'esito delle prestazioni - Prima e dopo le foto con risultati drammatici - Costruisce interesse in quasi ogni donna over 30
4 mostra la prova - Raccomandazione Medico, Testimonianze - Crea Desire in quasi ogni donna over 30
5. differenzia - Discute costosi trattamenti di Botox in alternativa costosa - crea più Desire in quasi ogni donna over 30
6. fa un'offerta - Sì! Invia la mia bottiglia oggi! Fare clic sul pulsante! - A questo punto Desiderio è ad un passo di febbre e quasi ogni donna over 30 non vedo l'ora di premere il pulsante.
7 Call For Action -Filling l'ordine Coupon - primo incontro con Hefty Prezzo per fornitura di 30 giorni (un po 'più di un dollaro al giorno). Alcuni desiderio perso qui a causa del prezzo ripida, ma un numero significativo di donne over 30 sarà ordinare questo prodotto indipendentemente dal prezzo. - Causa fine di procedere e la carta di credito da fatturare.

Un altro $ 35 per bellagenix. Hanno fatto bene. Faranno un sacco di soldi. Il vostro annuncio sarà buono come questo? Questo annuncio è un bel modello da copiare per i numerosi prodotti. Ma non copiare le immagini reali o testo; basta copiare gli elementi della pubblicità nel ANNUNCIO!

Bromuri più richiesti da Ogilvy:

1 Quando le persone non si divertono, in genere non producono un buon lavoro
2. Le persone sono più produttivi quando bevono un po 'di alcool
3. pagare la gente arachidi e otterrete scimmie
4 il 99% di tutta la pubblicità non vende niente a nessuno
5. Non tenere un cane e abbaiare te
6. assumere persone che sono meglio di te
7 Non è possibile salvare le anime in una chiesa vuota
8 Non bunt; cercare di colpire uno fuori del parco
9. Buoni dovrebbero essere in basso a destra di una pagina (Questo ha dimostrato di essere non corretta) - Harvard Business School e la Wharton School of Business presso la Penn suggerire alto al centro) L'esempio di cui sopra ha il suo annuncio in alto a destra di annunci, in modo che possiamo vedere un quadro completo di una donna con una bella pelle. Per avere il coupon nel centro in alto potrebbe interferire con quella foto straordinaria. Quindi, usare in alto a destra o in alto al centro a seconda delle dimensioni della foto.
10 Per via orale, i migliori risultati si ottengono a circa 200 parole al minuto. (Questo è anche

stata smentita dagli stessi due programmi MBA di cui sopra. 100 parole al minuto sembra essere ottimale in base alla loro ricerca.)

ICA e HW 3

Rispondi alle seguenti saggi

1 Discutete i vari elementi pubblicitari e ai fini di tali elementi
2 Che cosa significa Ogilvy dicendo che non è possibile salvare le anime in una chiesa vuota?
3 Che cosa significa Ogilvy dicendo non tenere un cane abbaiare e te stesso?
4 Che cosa significa Ogilvy dicendo la gente paga arachidi e otterrete le scimmie?
5 Che cosa significa Ogilvy dicendo quando le persone non si divertono, in genere non producono un buon lavoro?

Ulteriori risorse di Internet per questa lezione:

risorse generali
http://www.askmrmovies.com

Scientology (2012) - Questo spaventoso John Philip Seymour prestazioni tour-de-force è valsa la pena guardare per vedere come i media possono essere manipolati.

Wag the Dog (1997) - Un altro bel film sulla manipolazione dei media con Hoffman e De Niro.

Scopi pubblicitari

advertising.blurtit.com/q863338.html

Masters of Advertising

www.mastersinadvertising.org/7-miti-e-fatti-su-a-car

Introduzione alla Lezione Quattro

Come il direttore di una delle agenzie pubblicitarie di maggior successo nella storia di Madison Avenue, Ogilvy è più che qualificato per dare suggerimenti sulla seguente lezione progetto di massima su come gestire la vostra agenzia. Non è necessario seguire ogni suggerimento, ma sarà sicuramente profitto seguendo la maggioranza di questi principi time-tested.

Lezione 4 - Come gestire un'agenzia di pubblicità

Bromuri di Ogilvy:

1 Creare una piacevole atmosfera per le persone a lavorare in. Eliminare il più burocrazia possibile e cercare di mantenere la stretta rete.
2 Trattare subordinati come esseri umani; aiutarli quando incontrano qualsiasi tipo di difficoltà o disattivare il lavoro.
3 Sviluppare i talenti di ogni lavoratore nella propria organizzazione al massimo. Lasciare per il fallimento e la crescita.
4 Cercate di evitare la gestione top-down. Decisioni di gruppo sono quasi sempre solitario prospettiva migliore di una persona.
5. Hanno modi gentili e un certo grado di civiltà. Cercate di non essere forte, presuntuoso o antipatico.

6. essere il più onesto possibile con i clienti e con i colleghi.
7 Il lavoro duro, sia oggettiva e approfondita.
8. politica Evitare ufficio, toadism, bullismo, comportamenti pomposo e spietatezza
Conta 9 caratteri per la promozione.
10 Quando raccomandare una campagna di vendita ad un cliente, agiscono come se fosse la propria attività
11 Puoi essere creativa. Cercate di non copiare altre campagne pubblicitarie di successo. Tali

campagne sono diventate successo perché non copiare altre campagne pubblicitarie.
12 Lasciate che il vostro cliente il diritto di non essere d'accordo con voi su come il denaro dovrebbe essere speso
13 Società o comportamento cultura aziendale devono essere le stesse in ogni paese
14 Essere consapevoli dei costumi del paese in cui si sta vendendo
15 Siate discreto, con campagne pubblicitarie e di dare pieno credito alla società; non la campagna pubblicitaria
16 Evitare il gergo accademico, per quanto possibile; mantenere le cose in un linguaggio semplice
17 Non insultare l'intelligenza del consumatore
18. Scopri di Direct Response Advertising prima di scavare in altre aree di pubblicità
19. prezzi taglio come un incentivo annuncio dovrebbe sempre essere l'ultima risorsa
20 Amate il marchio e dimenticare soluzioni rapide

ICA e HW 4

Rispondi alle seguenti saggi:

1 Che cosa Olgivy hanno da dire su Marche?
2 Quanto è importante l'arte di imparare Direct Response Advertising
3. Perché è così importante la creatività in pubblicità?
4. Perché dovrebbe trattare il vostro cliente come se fosse possedete azienda?
5. Perché è l'onestà la migliore politica sia in ufficio e con i clienti?

Ulteriori risorse di Internet per questa lezione:

Risorse generali

http://www.askmrmovies.com

La trafficanti (1947) film di Gable vince su onestà negli annunci

Branding
marketing.about.com

Creatività nella pubblicità
muse.jhu.edu/journals/asr/v008/8.4unit15.html

Introduzione alla Lezione Cinque

Ogilvy ha avuto un particolare apprezzamento dell'arte del Direct Mail. Egli credeva fermamente che il popolo di annunci in Direct Mail sono stati i migliori scrittori nel business della pubblicità e le sue numerose campagne di successo che utilizzano i principi fondamentali di buon copywriting Direct Mail dimostrato il suo punto più e più volte. Ignorare queste pepite di saggezza suggeriti da Blair Entenmann a vostro rischio e pericolo. È possibile convertire facilmente questi principi di direct mail per email.

Lezione 5 - Come ottenere i clienti - Direct Mail

I principi della Targeted Direct Mail Advertising
Con Blair Entenmann, presidente di Marketing Aiuto!

La pubblicità funziona. Essa non solo un migliore ambiente di vendita più produttivo, ma fatto correttamente, può generare richieste di informazioni e le vendite! Se è possibile identificare il vostro cliente ideale, si dovrebbe usare la posta diretta mirata. Quando si spendono dollari duro-guadagnati su direct mail, si desidera essere notato, non dimenticato. L'obiettivo per la posta diretta è Open Me, Leggimi, Call Me Today! I seguenti principi possono rendere il vostro direct mail più produttivo e fornire risultati eccezionali!

1. posta al Prospect destra con frequenza. Due terzi del successo di direct mail si trova nella mailing list - il migliore della lista, migliori saranno i risultati. Investire tempo e denaro nella ricerca o la costruzione di una mailing list di potenziali clienti che potrebbero essere interessati

al tuo prodotto o servizio. Si consideri un due o tre parte campagna di direct mail. La tempistica può essere un fattore critico di successo - oggi non sono interessati, ma il mese prossimo che potrebbe essere. Ripetizione genererà una risposta migliore. Una regola generale è che ci vogliono 6-9 pubblicitario o di vendita contatti prima di un sospetto acquista.

2. farlo risaltare. Cosa attirare l'attenzione, divertente e creativo dispositivo è possibile utilizzare che ha qualche collegamento con il vostro prodotto o servizio? Essere diversi per dimensioni, forma e colore che invii della concorrenza, come ad esempio una grande busta quadrata, una busta di colore giallo brillante, o mailing tubo triangolare. Utilizzare cartoline, biglietti di auguri, o anche frisbee di inviare il messaggio. Quali parole attirare l'attenzione funzionano meglio per le vostre prospettive? Parole come libero, nuovo, ora, Breakthrough, infine, e tempo limitato sono potenti, parole magiche in grado di evocare una risposta positiva. Un buon concetto creativo, grafica attirare l'attenzione combinati e copia renderà il vostro direct mail evidente.

3 renderlo interessante. Fai un'offerta così bene che i vostri clienti semplicemente non possono rifiutare. Scopri quello che vogliono e offrono a loro. Utilizzare benefici orientato promesse dei clienti per titoli come "prevenire il furto dei vostri oggetti di valore" o "ridurre i costi di garanzia con componenti di qualità!" Scrivi la vendita copia di quello che theprospect vuole conoscere in maniera chiara e frasi concise. Aggiunta di una potente lettera di copertura per un grande opuscolo può aumentare la vostra risposta. Una lettera consente di rivelare e personalizzare un importante un'offerta promozionale o ottiene la prospettiva coinvolti nel vostro prodotto o servizio. Lettere laser personalizzati (Caro Blair) sono più efficaci di lettere tipo (Caro Sportivo). Utilizzare i titoli all'interno della lettera di riassumere il beneficio del seguente paragrafo. Si può includere una specialità di pubblicità che potrebbe migliorare la curiosità del potenziale cliente?

4 PROVA, PROVA, PROVA. Eseguire due campagne o promozioni differenti allo stesso tempo (cioè A / B Test) per vedere quale funziona meglio. Quindi eseguire il vincitore con l'altra metà della vostra lista di prospettiva contro la prossima grande idea. Overtime potrete migliorare i vostri risultati in base a ciò che i tuoi clienti potenziali / nuovi clienti vogliono.

5. rendono facile rispondere NOW. Chiedi per la risposta che si desidera e aiutarli a farlo. Il tuo pezzo di direct mail è il tuo venditore e dovrebbe chiedere l'ordine! Nelle lettere di vendita, utilizzare un P.S. per fare un forte invito all'azione. Utilizzare una scheda commerciale-risposta, 800- numero, numero di fax, o un sito web che offre un processo di un passo. Dare un incentivo per la risposta desiderata (cioè dono gratuito o considerazione particolare se agire ora). Il vostro tasso di risposta sarà più alto se si dà ai clienti diversi modi per rispondere.

6. monitorare i risultati. Creare un sistema di monitoraggio in modo da poter determinare cosa funziona e cosa no. Analizzare i risultati su un Cost Per Inquiry, costo per Proposta / Preventivo / Nomina e Costo per conto vendita. A volte una offerta bassa di promozione risposta ha il cielo di conversione delle vendite elevate, rendendolo una vendita più redditizio di una elevata risposta, vendite basse conversione offerta promozionale.

ICA e HW 5

Rispondi alle seguenti saggi

1 Perché si deve creare una mailing list?

2 Perché si deve monitorare attentamente i tuoi risultati di vendita ogni volta che si esegue un nuovo annuncio?
3 Perché dovresti testare continuamente la vostra campagna pubblicitaria?
4 Quali sono i vantaggi e gli svantaggi di direct mail?

Ulteriori risorse di Internet per questa lezione:

Risorse generali

http://www.askmrmovies.com

utilizzare il link qui sotto su come dare campagne di email efficaci

http://unbounce.com/email-marketing/the-6-point-guida-per-un-irresistibile-email-teaser-campaign/

Direct Mail Advertising

www.alladvertisingagencies.com

Response Direct Mail

www.dmnews.com

Introduzione alla Lezione Sette

Ogilvy sapeva che c'era più di un modo di cucinare le uova e hanno le persone godono di ogni piatto; indipendentemente da come li hai cucinato. Il punto era quello di preparare bene. Ogilvy, naturalmente, era uno chef di classe mondiale prima di diventare un uomo annuncio su Madison Avenue, quindi sapeva un po 'di preparazione di piatti o campagne pubblicitarie in modi diversi. Questo schema piano di lezione esamina alcune delle sue ricette per il successo.

Lezione 6 - Modalità di reclutamento client

A. Direct Mail come spiegato nella lezione precedente
B. Durante la negoziazione con i clienti direttamente, sottolineano la qualità alla quantità. Meglio avere un buon copywriter su un conto di sei mediocri.
C. Mai sottovalutare il potere della creatività sia da un punto di vista client o dal punto di vista dell'agenzia.

D. energia creativa è un'altra variabile importante nel processo di annuncio. Semplicemente avere una buona idea non ottenere il lavoro fatto se non si ha energia creativa per vedere l'idea di fruizione.

E. Un semplice proposizione del tipo "se la nostra campagna non aumentare le vendite, allora non sarete fatturati" va un lungo cammino per reclutare nuovi clienti per la vostra base.

F. Mostra potenziali clienti che si possono fare le seguenti senza difficoltà: definire i problemi e le opportunità per il cliente, impostare obiettivi a breve e lungo raggio per il cliente con risultati misurabili (di solito le vendite), in grado di portare grandi gruppi di dirigenti, fare presentazioni lucidi ai comitati, ed essere in grado di operare entro i parametri di bilancio di un cliente.

G. Non ci sono oltre 10.000 agenzie di pubblicità; come farà a differenziarsi dagli altri?

H. Fare contatti e amici con le agenzie di stampa, emittenti televisive, stazioni radio e tutti i media si può pensare. Portarli fuori a pranzo e far loro conoscere la vostra agenzia ed i servizi che offre.

I. Come si fanno più soldi, si suggerisce che si inizia a aggiornare i vostri clienti. I vostri clienti saranno crudamente a conoscenza dello stato dei vostri altri clienti. Le ultime 3000 agenzie avranno chiunque come un client, il prossimo livello di agenzie avranno standard minimi per i clienti, le finali 3000 agenzie gestire solo l'estremità superiore di clienti, e le prime 1.000 agenzie (e, si spera, la vostra agenzia) gestirà solo le aziende che fanno la maggior parte dei soldi.

Presentazioni J. liberi sono conosciuti come le presentazioni speculativi nel settore pubblicitario. Ma oltre ad una presentazione speculativa, si deve offrire "vendite aumenteranno o non ci sarà alcun costo per la campagna pubblicitaria". Le probabilità di vendite di un cliente che va in su sotto qualsiasi campagna per tre mesi è di circa 81%, in modo che quasi tutto ciò che fate si tradurrà in un profitto per il cliente. Tuttavia, se ci sono sostanziali aumenti nelle vendite, può essere un risultato della vostra campagna pubblicitaria creativa.

K. Ci deve essere una vera chimica tra il cliente e l'agenzia o la campagna avrà più difficoltà rispetto alla maggior parte altre campagne.

L. Ricerche approfondite 'ASSOLUTAMENTE OBBLIGATORIO PER IL SUCCESSO DI OGNI CAMPAGNA PUBBLICITARIA. OGNI AGENTE dovrebbe essere in grado di citare la reseach FATTO PRIMA incontro con un cliente potenziale.

ICA e HW 6

Rispondi alle seguenti saggi:

1. Perché è la qualità più importante della quantità nella pubblicità?
2. Perché è la creatività un fattore importante nella pubblicità?
3. Perché si dovrebbe cercare di creare una nicchia per la vostra agenzia?
4 Perché si deve talvolta presentazioni libere o speculativi ai potenziali clienti?
5. Perché è la ricerca una delle parti più essenziali della vostra presentazione?

Ulteriori risorse di Internet per questa lezione:

Risorse generali

http://www.askmrmovies.com

controllare questa risorsa per le presentazioni
http://www.cinemacon.com/

L'importanza della ricerca in Pubblicità

http://en.wikipedia.org/wiki/Advertising_research

Come dare ottimi Presentazioni

http://www.forbes.com/fdc/welcome_mjx.shtml
Introduzione alla Lezione Sette

    Lasciamo il mondo ottimista di Ogilvy per una lezione di piantare i piedi nelle realtà di posti di lavoro entry-level nel settore della pubblicità. Avere successo in un lavoro entry-level ad una buona agenzia di pubblicità è simile ad attraversare Fifth Avenue cinquanta volte durante l'ora di punta, senza avere un invito a chiudere con un veicolo. Naturalmente, se si è al di fuori di New York, le cose sono un po 'più facile. E se siete in Cina, è probabile che tu sei l'unico uno in ufficio, o anche in tutta la tua azienda che sa nulla sulla pubblicità professionale.

Lezione 7 - la dura realtà di Entry-Level Lavoro in Pubblicità

R. C'è solo una ragione per qualsiasi azienda al mondo ad assumerli per qualsiasi cosa; che sarebbe per fare più soldi per l'azienda.
B. In generale, la maggior parte delle aziende considerano le vendite come un barometro del vostro successo; le vendite più sei responsabile, più soldi si farà a qualsiasi livello nel mercato del lavoro.
C. Proprio come il 90% di tutte le imprese falliscono entro i tre anni, il 90% + di tutti i lavoratori

entry-level fallire nel loro lavoro entro tre anni. Basta fare due conti. Se il 90% di tutte le imprese fallire, allora il 90% di tutte le vendite "professionisti" deve essere fallendo pure.

D. Un entry-level lavoratore in vendite può, a volte, essere un successo immediato. Non vi è alcun calendario per il successo nelle vendite; appena aumentato le vendite.

E. Si può essere il lavoratore più difficile in ufficio che mette in 100 ore a settimana, è un bene, onesto padre di famiglia, onesto, sincero e leale, e se i vostri numeri di vendita non sono in un tempo molto breve (di solito a tre mesi) , sarete in scatola.

F. Si può essere il lavoratore più pigro in ufficio, che è sempre in ritardo, si toglie un sacco di giorni di malattia, gli sciocchi in giro con ogni donna in ufficio, essere disonesto, insincero, sleale, bugiardo, ladro e pervertito, giocare sul vostro computer tutto il giorno e lasciare il lavoro presto e ancora ottenere un grande rilancio e la promozione se i numeri di vendita sono fino. Assicuratevi di confrontare E e F la prossima volta che qualcuno pronuncia la frase stupida ", ma che non è giusto!"

G. Un buon annuncio non garantisce un aumento delle vendite, ma ti dà una migliore opportunità di riuscire ad ottenere più vendite. Come la maggior parte delle altre cose nella vita, non ci sono garanzie di una carriera di affari. In termini generali, un annuncio o promo è solo un bene se aumenta le vendite.

H. Ottenere il lavoro dipende in primo luogo convincere l'addetto Risorse Umane che sei un giocatore di squadra e vorrebbe provare voi stessi ad essere una risorsa per la squadra per aumentare le vendite per l'azienda. Sottolineando la vostra indipendenza, nuovi modi di pensare, le singole realizzazioni e le qualità, e il desiderio di avere la propria azienda un giorno, sarà solo assicurare che non sarà possibile ottenere il lavoro. Nascondere tutti questi desideri e li sublimare alle esigenze di un giocatore di squadra per l'azienda andrà molto oltre per le vostre probabilità di essere assunto.

ICA e HW 7

Rispondi alle seguenti saggi

1 Come sono gli esseri umani simili a maggior parte delle aziende?

2 Come sono gli addetti alle vendite entry-level giudicati dal loro datore di lavoro?

3 Quanto tempo ci vuole solitamente per un nuovo venditore per avere successo nel loro nuovo lavoro?

4 Quanto è importante un buon annuncio per la tua campagna di vendita? E come si misura un buon annuncio?

5 Perché è più importante mostrare quanto di un giocatore di squadra siete nel vostro colloquio iniziale che essere un pensatore indipendente o di una persona con grandi realizzazioni individuali?

Ulteriori risorse di Internet per questa lezione:

Risorse generali

http://www.askmrmovies.com

Man Commercial (2001)

Entry-Level Lavoro Pubblicità

http://advertising.about.com/od/careersource/a/adagencyjob.htm

Sistemi di ricompensa per la pubblicità Dirigenti

http://www.google.com/patents/US20100161398

Introduzione alla Lezione Otto

Ecco un'altra lezione di piano-quadro pratico che descrive alcune delle cose da fare e non fare di salire la scala nella pubblicità. Potrebbe essere vale la pena di prestare molta attenzione ad ogni parte di questa sezione. Le persone che lavorano duramente in pubblicità non valgono tanto per la società come persone che creano maggiori entrate; è così semplice come sembra.

Lezione 8 - salire la scala al livello successivo in Pubblicità

A. Va bene, diciamo che hai la fortuna nei vostri primi tre a sei mesi e presentate un numero crescente di vendite per la tua squadra. Credetemi quando vi dico che è già stato notato. Se siete veramente una forza da non sottovalutare, e il vostro responsabile commerciale pensa di poter gestire il lavoro, si potrebbe essere offerta la posizione di un direttore assistente vendite in appena sei mesi di lavoro. Questa è una buona notizia e una cattiva notizia.

B. La buona notizia è che si avrà un titolo, forse il vostro spazio ufficio, e un po 'più di denaro e potere.

C. La cattiva notizia è che il vostro responsabile vendite sarà molto probabilmente prenderà credito per la maggior parte delle vostre idee, campagne e aumenti di vendite. Lui o lei sarà sparando per il prossimo gradino della scala, che è responsabile delle vendite regionali o responsabile di un territorio più vasto. Non sarà sempre un'offerta per la posizione regionale, anche se si è la ragione principale che le vendite sono aumentate.

D. È molto probabile che verrà facendo tutto il lavoro del direttore commerciale, mentre lui o lei sta fiutando intorno per un lavoro migliore. In realtà, si sarà effettivamente il nuovo direttore commerciale. Ora sarà responsabile per fare tutti i compiti di un direttore commerciale, che includono, ma non sono limitati, ai seguenti: 1 assunzione di nuovi addetti alle vendite, 2 Firing attuali inefficaci addetti alle vendite, 3 monitorando molto attentamente i numeri di vendita della tua squadra attuale, 4 Creazione di nuove campagne di vendita, come quelli del film Glengary Glenross (vedi recensione a askmrmovies.com) "First Place è una vettura nuova di zecca, Second Place è una nuova serie di coltelli da bistecca e il terzo posto è la tua licenziato "Questo tipo di concorrenza è di solito impostato ogni mese. Un team tipico di vendita di sei può competere per i due "premi" con i più bassi due interpreti quasi essere certi di essere licenziato. Il prossimo due sopra di loro sarà, molto probabilmente, essere messo su un tipo di "libertà vigilata", per un mese, che, tradotto, vuol dire che saranno licenziati il mese successivo se non finiscono primo o secondo nelle vendite.

E. Eccezioni alla sopravvivenza dello scenario più adatto in D sono se tutta la forza vendita è relativamente ammassati strettamente in numeri di vendita, ma tutti si sta trasformando in numeri accettabili. Ricordate, però, che i numeri accettabili è un termine relativo. 100.000 nelle vendite in un mese potrebbe essere accettabile, mentre in un altro mese potrebbe significare che si sarebbe licenziato.

F. È successo come assistente di vendita è strettamente legata ai risultati del vostro team di vendita, quindi è essenziale che a formulare la squadra che si desidera e cercare di garantire il loro successo al più alto grado. Se falliscono, si sarà non solo perdere la posizione di Assistant Sales Manager; si potrebbe ottenere in scatola completamente dalla società. La maggior parte del tempo, però, la cosa peggiore che accadrà a voi è che si ottiene gettato di nuovo nel gruppo di generali di addetti alle vendite. Questo è anche il momento di provare, e prendersi il merito per, alcune nuove campagne pubblicitarie che si pensa potrebbe funzionare.

ICA e HW 8

Rispondi alle seguenti saggi:

1 Quando si sarà promosso da venditore di Assistant Sales Manager?
2 Qual è la buona notizia e una cattiva notizia di diventare un nuovo responsabile sales

assistant?

3 Che, in generale, sono le nuove responsabilità di un manager sales assistant?

4 Quali sono i "numeri accettabili"?

5. Perché sta mettendo insieme il vostro team di vendita e garantire il loro successo così importante per il tuo successo?

6 Che cosa accadrà se il vostro team di vendita non riesce?

Ulteriori risorse di Internet per questa lezione:

Film risorse
Glengarry Glenross

http://www.askmrmovies.com

Doveri di un manager sales assistant

http://education-
portal.com/articles/Advertising_Manager_Job_Description_and_Requirements_for_a
_Career_in_Advertising_Management.html

Come assumere e licenziare Venditori efficace

http://www.rabinsite.org/academyLms/content/workbooks/mc2workbook.pdf
Introduzione alla Lezione Nove

Ecco alcuni buoni consigli generali su come presentarsi ai vostri supervisori e collaboratori; sia che sia in Occidente o in Cina. Questo schema piano di lezione esamina l'etica pubblicitaria (sì, buoni agenzie pubblicitarie DO avere buona etica) e avete bisogno di capirli.

Lezione 9 - Etica e la trappola Workplace Socializzazione

A. Socializzare sul posto di lavoro (e in particolare nei luoghi di lavoro SALES) può essere estremamente pericoloso per la salute occupazionale. Uomini e donne hanno dormito con l'altro solo per ottenere ahold di lead di vendita. Una lotta tra venditori datazione può essere velenoso per l'intero team di vendita. Diffidare di eventuali aperture romantiche nel vostro ufficio vendite. Ci sono un sacco di altri posti per incontrare persone di sesso opposto. Nonostante promuovere il lavoro di squadra e la vicinanza all'interno del gruppo, c'è sempre che la distanza creata dalla competizione per i primi due slot in ufficio in agguato dietro ogni sorriso, ogni bevanda o di celebrazione e di ogni situazione sociale in ufficio.

B. Se siete sposati, si sono estremamente vulnerabili se si tenta di uscire con qualcuno in ufficio. Tutti sanno che si sono sposati. Tutti sanno che si sta prendendo in giro in giro. Tutto ciò che serve è un nemico per portare giù e la tua carriera in tale società è finita. Questo accade spesso in molte aziende? Certo lo fa. Alcune persone farla franca? Naturalmente lo fanno. Ma non si vuole / perché le probabilità sono accatastati contro di voi molto alto. Alcuni addirittura dicono che il sesso con la loro moglie è molto meglio del sesso che ottengono fuori della casa. Se questo è vero, allora perché avere hamburger quando si può avere una bistecca a casa?

C. Teambuilding è una cosa; diventando troppo amichevole con i vostri colleghi in viaggio d'affari a un'altra cosa. Succede abbastanza spesso ed i risultati sono favoritismi, gruppo disincanto, calo delle vendite e l'eventuale licenziamento dalla posizione di responsabile vendite.

D. Non dimenticate mai per un secondo che la linea di fondo in tutte le imprese è il profitto dalla vendita. Tutto il resto è un'illusione o irrilevante. Si può avere uno o più fidanzate al di fuori della vostra casa. Si possono avere tante cose come ti piace e la società sarà nemmeno pagare per loro FORNITI tuoi dati di vendita continuano a salire. La morale e l'etica non sono mai stati il vestito lungo della pubblicità, vendite e aziende prospere. Barare sulla vostra moglie o marito, invece, dà la concorrenza (sia all'interno che all'esterno dell'ufficio), un vantaggio che normalmente non hanno. Perché dare al concorso un vantaggio?

E. In rare occasioni, un vero e proprio ufficio di storia d'amore sboccerà tra i due membri unattached del sesso opposto e questo è cosa buona e giusta. Tuttavia, non dimenticare mai per un minuto che molte aziende senza scrupoli considerano le donne sposate una passività perché possono diventare incinta a un momento di preavviso e perdere tempo dell'azienda prezioso per le vendite e profitti a causa della loro incapacità di tenere il passo con singoli maschi che non hanno responsabilità di sorta. Nonostante le leggi contrarie, molte aziende assumono solo i singoli uomini e donne dediti al loro lavoro. Essi potranno anche noleggiare uomini sposati senza figli. Questa polarizzazione del tipo peggiore è comunemente praticata da innumerevoli reparti di vendita. Ancora una volta, però, si può essere una donna che è incinta, ha sei figli e due fidanzati in ufficio più a lungo i vostri dati di vendita continuano a salire.

Squadre F. Softball, le squadre di bowling, squadre di golf, squadre di tennis e di altre squadre aziendali sono una buona idea per le vendite morale. Parti, andare in un bar dopo il lavoro, o di andare a casa di qualcuno da lavoro non può essere la scelta più saggia per la maggior parte dei lavoratori. Qualcuno potrebbe dire che potrebbero perdere il posto di lavoro se non socializzano e andare a bere "con i ragazzi". Notizie flash; l'unica cosa che conta è le vendite; Nothing else matters. Vieni con un annuncio migliore.

ICA e HW 9

Rispondi alle seguenti saggi:

1. Perché la socializzazione in vendita e pubblicità sul posto di lavoro a volte un'attività pericolosa?
2 Perché le persone sposate a volte hanno difficoltà nella vendita e pubblicità sul posto di lavoro?

3. Perché sono convenzioni commerciali e viaggi di lavoro, talvolta, una situazione pericolosa?
4. Perché sono le vendite in ultima analisi, l'unica cosa che conta, per quanto concerne l'etica nella maggior parte delle aziende?
5 Perché le donne sono in svantaggio nella vendita e pubblicità sul posto di lavoro?
6 Perché sono le attività del team aziendali preferibile parti e andare per un drink dopo il lavoro?

Ulteriori risorse di Internet per questa lezione:

Film risorse
Madmen (ogni episodio)

http://www.askmrmovies.com

Le sfide delle donne nelle vendite e pubblicità sul posto di lavoro

http://www.blastradius.com/ideas/confessions-di-una-donna-exec/

(Sembra che l'autore come titolo di David Ogilvy così tanto, lei ha usato per il suo libro)

Team-building in Sales

http://www.teambuildingproductions.net/commercials.htm

Introduzione alla Lezione Ten

   In schema della lezione di Ten, esaminiamo le gioie di ottenere il vostro primo conto. Allora, esaminiamo il panico che mette in una volta ti rendi conto che è molto probabile che sarà licenziato se non si è successo con questo account. Continua a leggere per la prima emozione del successo o il vostro primo fallimento nel business con molti di più di ogni emozione di seguire in futuro. Se si vuole la sicurezza, ottenere un lavoro presso una banca o una scuola (ovviamente, non farà quasi più soldi).

Lezione 10 - Il tuo Account

A. Complimenti. Hai appena atterrato il vostro primo account pubblicitario. Potrebbe essere stato un assistente per mesi prima che ti ha dato il proprio o forse avuto la fortuna e decide di scendere in uno, non appena sono stati assunti. In entrambi i casi, si può scommettere il ranch che l'account è stata data è estremamente importante. Essi non stanno andando a fidarsi di un conto di importante da un agente pubblicitario juniores. Questa è una buona notizia e una cattiva notizia. La buona notizia è che hai il tuo primo account e la possibilità di mostrare cosa si può fare. La cattiva notizia è che probabilmente è un conto che nessun altro membro anziano voleva e che chiunque in ufficio più a lungo di quanto si era già trasferito. Le probabilità che fallirà con questo account sono molto elevati; ben oltre il 50%. Tuttavia, probabilmente non ottenere licenziato se non si riesce, perché nessuno voleva in primo luogo. Probabilmente è un elemento molto difficile da vendere o rendere attraente per il pubblico. Lasciate che vi faccia un esempio; Ace spray per scarafaggi.

B. Come si fa a fare un bug tossico spruzzo attraente? Ammettiamolo, spray non è molto attraente, quindi bisogna attaccare il problema da una prospettiva diversa; quanta gente odiano scarafaggi? Si può attingere l'elemento paura psicologica di scarafaggi in cucina, bagno e camera da letto? Ho avuto un gruppo di studenti lavorano su questo account e questo è quello che è venuto su con. Uno studente ha avuto un uomo svegliarsi con un gigantesco scarafaggio nel letto con lui, invece di sua moglie. Questo studente è andato per l'angolo umoristico. Un altro studente aveva un gruppo di scarafaggi saccheggiare il frigorifero, non lasciando cibo per la famiglia. Questo è stato anche un approccio umoristico. Un terzo studente ha un uomo chiede alla moglie di passargli l'asciugamano dopo che ha la doccia e uno scarafaggio gli porge un asciugamano. Così i miei migliori studenti pensavano che l'umorismo fosse il modo migliore per gestire questo prodotto e sono d'accordo con loro.

C. Come si fa a battere la concorrenza? Si dice che la verità è la prima vittima della guerra. Beh, questo è vero anche nella pubblicità. Ogni prodotto sostiene di essere il migliore e meno costoso. Naturalmente, questo non è matematicamente probabile, ma tutti sostengono che, in ogni caso. Quindi, il prodotto deve essere automaticamente il migliore sul mercato (anche se non lo è). La prossima domanda è: perché è il migliore sul mercato? Ora devi trovare una idea ragionevole perché è il migliore. Uno dei miei studenti ha usato questo stratagemma: "Altri spray sono utilizzati e gli insetti continuano a tornare, ma Ace spray funziona dopo un solo utilizzo (e gli insetti saranno di nuovo dopo questo uso pure). Si noti la formulazione della pubblicità; in realtà non sostiene che gli insetti non torneranno dopo l'uso; si limita ad affermare che funziona dopo un solo utilizzo. Beh, tutti i bug spray funzionano dopo l'uso, ma che non è importante. Il lettore pensa che gli insetti non torneranno dopo l'uso. Questo è il potere della suggestione.

Un altro studente ha utilizzato il modello economico per il suo annuncio; "Li uccide morti con un solo spruzzo" L'implicazione qui è che non hai bisogno di un sacco di prodotto per sbarazzarsi dei vostri problemi, in modo che nel lungo periodo, vi farà risparmiare denaro. In realtà, tutti gli spray bug uccidono qualsiasi bug con un solo spruzzo, ma nessun altra società pensavano di fare che uno slogan. Ecco come battere la concorrenza. Essere consapevoli del fatto che siete già sul ghiaccio scivoloso in campo etico.

D. Il Artwork e copia deve essere grafica e inviare un messaggio al compratore. Mostra un insetto morto e le parole "un solo spruzzo, e se ne vanno" uno studente presentato. Tutti i bug vanno via dopo uno spruzzo, ma l'idea l'immagine dà è che lo spray uccide il bug e altri insetti sarà mai di nuovo lì vicino (che fantasia). Il volto del bug dovrebbe essere in agonia o nella paura. In realtà, i bug non hanno espressioni facciali di entrambi. Mostra una donna sulla lattina uccidere il bug. La maggior parte delle donne odiano gli insetti e sono più puliti più della maggior parte degli uomini (che sono generalmente maiali sporchi che non si preoccupano se alcuni bug sono in casa). La lattina è un'arma nelle mani della donna e la autorizza ad un grado.

E. farsi conoscere il prodotto e distribuito. Non è possibile aumentare le vendite in attesa di clienti a venire da te. L'annuncio gestire questo account exec dovrà essere coinvolti nella commercializzazione e distribuzione di questo prodotto e farsi coinvolgere dalla fine creativo. Letteralmente schizzare in internet con il vostro prodotto. Avere una vendita; 33% di sconto.

Acquista due e prendi due (la stessa di un 33% di sconto vendita). Contatto negozi nei quartieri poveri; hanno il maggior numero di case con scarafaggi. Obiettivo poveri e gente della classe operaia; sono quelli che soffrono di più da queste piccole creature. Scopri che la concorrenza è in carica e soddisfare o battere il prezzo.

F. Congratulazioni. La vostra quota di mercato è in crescita dell'1% questo mese. La campagna pubblicitaria è stata un successo. L'azienda Bug Spray Ace ha fatto un extra di $ 200.000 in vendite. Saranno molto felici di dare la vostra agenzia pubblicitaria un bonus di 10.000 $ in cima $ 10.000 hanno pagato per la campagna. La tua prima campagna pubblicitaria è stata un successo, ma non lasciatevi andare alla vostra testa. Avresti potuto altrettanto facilmente hanno fallito. Prima o poi, una delle tue campagne pubblicitarie falliranno. Questa è una certezza matematica. Ma godetevi il vostro primo successo. Se avessi fallito, si dovrebbe ignorare il tuo fallimento e venire con una campagna di meglio la prossima volta.

ICA e HW 10

Rispondi alle seguenti saggi

1 Perché è una buona notizia e una cattiva notizia per ottenere il vostro primo account in un'agenzia pubblicitaria?
2 Come si fa a spray attraente per il compratore?
3 Come si fa a battere la concorrenza?
4. Perché sono opere d'arte e copiare importante?
5 Cosa si deve fare se si è successo con la prima campagna pubblicitaria? Come si deve gestire il fallimento?

Ulteriori risorse di Internet per questa lezione:

Risorse generali

http://www.askmrmovies.com

Lust For Life (1956) - Film di grande artista

Primi conti presso agenzie pubblicitarie

http://en.wikipedia.org/wiki/Account_planning

Artwork e Copia su campagne pubblicitarie

http://www.rottentomatoes.com/m/1216754-art_and_copy/ (documentario)

Introduzione alla Lezione Eleven

OK, quindi è stato fortunato e ha fatto un colpo con la tua prima campagna. Questo è sia una cosa buona e non così buona cosa. Ora che hai avuto successo con un cliente, il tuo manager saranno si aspettano di avere successo con ogni cliente. Nel baseball, è possibile effettuare outs due su tre volte, e ancora guidare il campionato nel colpire, ma nella pubblicità, che sarebbe solo farti licenziato. Check out questa lezione di piano-quadro su come aggiungere al vostro successo iniziale.

Lezione 11 - Aggiunta al tuo account portafoglio

A. Così si aveva un po 'di successo con il tuo primo cliente. Non lasciarlo andare per la testa. Ci sono solo due direzioni si può andare nel mondo degli affari; l'alto o verso il basso. Nessuno scivola proprio lungo su ciò che hanno compiuto. Si sta aumentando le vendite per la vostra agenzia o le vendite sono in calo, il che significherebbe, naturalmente, si sarebbe eventualmente essere chiesto di lasciare. Supponiamo per amor di discussione si è in trend rialzista. Eri successo con Ace spray e ora hai catturato l'attenzione dei senior partner dello studio e mettere paura nel cuore di alcuni degli altri membri della tua agenzia. Potreste essere in linea per un altro account; questa volta sarà un conto più grande e / o meglio di Ace spray. Forse si lavorerà con la squadra "A" al posto della squadra "B". Qualunque sia la situazione vi trovate in, potete scommettere il ranch sarà più complessa di quanto il tuo primo account. Preparatevi per un cliente più grande.

B. La vostra azienda ha appena licenziato Bill Clemens, che era stato con l'azienda per tre anni. Sembra che la striscia di Bill di fortuna finì quando è stato dato un conto solida e lasciarlo andare in discesa per due trimestri consecutivi. Bill era buono o cattivo? Davvero non importa. L'unica cosa che conta è la vendita; ed erano giù per due trimestri consecutivi. Lei è stato consegnato il conto. La buona notizia è che probabilmente si può riuscire con questo incarico e ancora essere mantenuta, perché allora l'agenzia che ci sia qualcosa di sbagliato con il cliente se due agenti di annunci non riescono su un client in una riga. (I clienti di solito porterà comunque se incontrano due errori di fila pure). La cattiva notizia è che si voltò Ace spray e le aspettative sono alte che si gira intorno al Alibaba Sneaker Società, che ha avuto grande successo per il suo primo anno sul mercato americano (provengono da Cina, naturalmente), ma maggiore pressione da parte Nike e Adidas ha invertito alcuni dei guadagni che avevano fatto della quota di mercato nel primo anno. Il vostro compito è quello di aumentare la loro quota attuale di mercato del 4% al 5% o addirittura il 6% hanno avuto nel primo anno.
C. Ricordate, avete ancora a riparare il loro cliente, Ace spray, oltre a venire con una campagna per Alibaba Sneakers. Essere sicuri di non diffondere troppo sottile prendendo troppi clienti in una sola volta. Delegare l'autorità a uno dei suoi assistenti (da questo momento, i membri anziani avranno hai dato un assistente). Chiedi loro di tenere d'occhio sulla campagna Bug Spray Ace per assicurarsi che sta procedendo secondo le vostre aspettative. Poi si può iniziare a organizzare la vostra nuova campagna per Alibaba Sneakers.
D. Che cosa è andato storto con Alibaba Sneakers? Perché hanno perso quote di mercato negli ultimi due trimestri. Hai bisogno di fare ricerche approfondite prima di tentare la nuova campagna. La vostra ricerca mostra che Nike ha creato un prodotto di fascia bassa per competere con i bassi prezzi offerti da Alibaba Sneakers. Questo ha ridotto il vantaggio che Alibaba Sneakers aveva la prima volta che ha colpito il mercato e undersold tutte le altre marche sneaker nazionali. Così Nike ti ha attaccato. Hai bisogno di attaccare Nike a destra indietro. Uno dei miei studenti è stato assegnato il problema Alibaba Sneaker e si avvicinò con questa soluzione; copiare la parte superiore degli stili di linea di Nike e li vendono per molto meno con tutti gli stessi componenti. Utilizzare un gruppo di rapporti del consumatore indipendente per confrontare la vostra alto degli stili di linea e di qualità con quella di Nike per i prezzi che entrambi sono offerti per. Il gruppo di consumatore dovrebbe venire con la conclusione che per il prezzo, Alibaba Sneakers offrono tutti la stessa qualità che la parte superiore della linea di scarpe da ginnastica Nike offrono, ma ad un prezzo inferiore. Se è possibile eseguire questa strategia, sarete in linea per un grande bonus, un grosso rilancio, un

nuovo ufficio e in linea per i conti ancora più grandi e migliori.
E. Che cosa succede se non si riesce? Che cosa succede se Alibaba Sneakers non vuole correre il rischio di andare testa a testa con il potente Nike? Poi si potrà essere licenziati o dato un'altra possibilità con un altro account. Indipendentemente dal risultato, avrete sempre a creare una nuova campagna con nuove idee. Anche se si lavora per una mezza dozzina di agenzie di pubblicità, tutto ciò che serve è una buona idea e una buona campagna per lasciare il segno nel mondo della pubblicità. Basta tenere oscillare lontano, e prima o poi, vi ha colpito uno fuori del parco.

ICA e HW 11

Rispondi alle seguenti saggi:

1 Che cosa accadrà se si ha successo con il vostro primo cliente?
2 Che cosa accadrà se non si riesce a girare attorno ad un cliente con problemi?
3 Come si deve servire i vostri clienti se si aggiungono più clienti al vostro portafoglio?
4 Come si può contrattaccare il concorso?
5 Come si deve trattare di una campagna pubblicitaria fallito?

Ulteriori risorse di Internet per questa lezione:

Risorse generali

http://www.askmrmovies.com

Fallimento: The Movie (2012)

Aggiungendo alla vostra base di clienti

http://www.shmoop.com/careers/sales-representative/

Manipolazione Fallimento in Pubblicità

http://www.theradiostations.com/12-cause-pubblicità-guasto

Introduzione alla Lezione Dodici

C'è un detto che siamo giudicati dalla società teniamo. Niente è più vero di questa affermazione nel mondo della pubblicità. Se si dorme con i maiali, sarai considerato un maiale te stesso; indipendentemente dal tuo abito a tre pezzi da Brooks Brothers. I seguenti consigli da Ogilvy non dovrebbe essere seguita solo, ma seguita alla lettera.

Lezione 12 - Come selezionare i client per la pubblicità

A. Contrariamente alla credenza popolare, una buona società di pubblicità non si assume ogni cliente che passa attraverso la porta. Per fare ciò metterebbe a repentaglio la reputazione della agenzia che si sta tentando di costruire.
B. Essere orgogliosi di pubblicizzare il prodotto il vostro cliente sta cercando di vendere. Se hai

un problema che vende biancheria intima della signora, allora non accettare l'account.
C. Mai accettare un conto a meno che non si pensa di poter svolgere un lavoro verificabile migliore del tuo predecessore.
D. Cercate di non aggiungere i client con una lunga striscia di sconfitte consecutive in quota di mercato per diversi trimestri.
E. Evitare di clienti che sono troppo esigenti; i clienti più esigenti hanno spesso nozioni preconcette di cosa funziona e cosa non funziona. Questo soffoca la creatività e la capacità del vostro personale per montare un efficace nuova campagna.
F. cercare clienti con prodotti di basso costo unitario, uso universale, e di acquisto frequente (spazzolini da denti, carta igienica, caramelle, bevande, ecc). Essi hanno bilanci più grandi e sono più facili da prova di articoli di alta biglietto.
G. Evitare gruppi o comitati che richiedono più di una persona per bene la vostra campagna pubblicitaria. Assicurati di essere responsabile al solo capo e nessun altro.
H. Non accettare un cliente con una condizione che è necessario disporre di uno dei loro lavoratori sul vostro personale.
I. Evitare i clienti che si comportano come bulli.
J. Evitare i clienti che pubblicamente si annunciano come un candidato per la loro campagna. Mancata pubblico per reclutare un tale client si traduce in un danno per la vostra agenzia.
K. evitare di competere con altri più di tre agenzie in qualsiasi momento per un account.

ICA e HW 12

Rispondi alle seguenti saggi:

1 Perché dovresti essere selettivi nella scelta i clienti per assistere per la vostra agenzia?
2 Perché dovreste evitare di clienti esigenti?
3 Perché dovreste cercare clienti con prodotti che hanno costo unitario basso?
4. Perché si dovrebbe evitare pubblicamente in competizione per una campagna?
5. Perché dovrebbe evitare situazioni in cui le campagne pubblicitarie hanno bisogno l'approvazione di più di una persona?

Ulteriori risorse di Internet per questa lezione:

Risorse generali

http://www.askmrmovies.com

Erin Brockovich (2000) esamina l'etica nella pubblicità

Criteri di accettazione dei nuovi clienti in Pubblicità

http://www.ehow.com/info_8681316_procedures-nuovi-conti-pubblicità-azienda.html

Evitare Clienti impropri in un'agenzia di pubblicità

http://marketing.about.com/od/advertising/tp/marketmistakes.htm

Introduzione alla Lezione Tredici

Qui Ogilvy ci consiglia su come mantenere i clienti. Ottenere le volte è più facile che il loro mantenimento. Perdere un client può essere problematico per entrambi voi e la vostra azienda. Siate preparati per l'eventuale perdita di un cliente da avere un piano B nel caso in cui lasciano la vostra nave. Ogilvy ci dà numerosi consigli su come mantenere i nostri clienti felici.

Lezione 13 - Come mantenere i clienti

A. Il cliente medio cambia agenzie di pubblicità ogni sette anni. Assicurati di dedicare i vostri migliori lavoratori per mantenere i clienti, non ottenendo nuovi. Si consiglia di separare le funzioni aziendali in client Iniziazione e manutenzione client. Non mescolare mai i due con una sola persona.

B. Conoscere la storia della pubblicità e le loro agenzie del vostro cliente; evitare i clienti che cambiano spesso le agenzie o hanno una cattiva storia con le loro agenzie

C. Quando si stabilisce un rapporto con un cliente, tenta di stabilire una comunicazione a tutti i livelli della società.

D. Provare a che fare con il più alto livello della società in ogni momento; Amministratori delegati e presidenti sono meno fastidioso che fare con i subordinati.

E. Non mettere troppa enfasi su ogni singolo cliente. Avere una quantità sproporzionata di business da un client può portare alla perdita di una quantità sproporzionata di affari se si perde quel client.

F. Misurare il tempo necessario per soddisfare il vostro cliente. Prendere la tassa pagata dal vostro client e dividere per il numero di ore trascorse sul suo conto. Se il pagamento orario medio scende sotto X, si dovrebbe cadere il client.

G. Evitare squadre e dei comitati quando possibile; rendere la presentazione al CEO, presidente o qualche altro grande decisore; non un subalterno.

H. Assicurarsi che in sala prove che la presentazione di due o tre volte prima che realmente dare al vostro potenziale cliente.

I. Evitare l'uso comitati o più di una persona per dare una presentazione; la ricerca ha dimostrato un diffusore è più efficace di un gruppo di altoparlanti.

J. Informi il cliente per la verità; anche se ti costa l'account.

K. Non permettere il bullismo di qualsiasi tipo all'interno del vostro ufficio o agenzia; fuoco chi non è armonico o, per lo meno, collaborativo e flessibile.

ICA e HW 13

Rispondi alle seguenti saggi:

1. Perché è mantenere i clienti altrettanto importanti come li ottenendo in primo luogo?

2 Perché dovreste accuratamente ricerca la storia della storia della pubblicità vostro potenziale cliente?

3 Perché si deve presentare al più alto livello di azienda vostro potenziale cliente?

4 Perché dovreste evitare qualsiasi contratto sproporzionato da un potenziale cliente?

5 Come si deve prendere una decisione di abbandonare un cliente?

6 Perché dovreste essere sinceri in ogni momento con tutti i tuoi clienti?

7 Perché non dovrebbe consentire il bullismo nel vostro ufficio o agenzia?

Ulteriori risorse di Internet per questa lezione:

Risorse generali

http://www.askmrmovies.com

Tucker (1988) - grande film di presentazione

Come Conservare Pubblicità Clienti

http://www.marketingdonut.co.uk/marketing/customer-care/how-per-mantenere-clienti-in-hard-times

Segreti di Buone Presentazioni

http://www.thinkoutsidetheslide.com/ten-segreti-per-uso-powerpoint-effectively/

Introduzione alla Lezione Quattordici

E 'importante rendersi conto che bisogna essere in due per ballare il tango nel gioco della pubblicità. Non si può avere successo senza la cooperazione del vostro cliente, e il client non può avere successo a meno che non cooperano con voi. In questa lezione piano-quadro, Ogilvy suggerisce come i clienti dovrebbero comportarsi verso i loro uomini o donne di annunci.

Lezione 14 - Come deve comportarsi verso i vostri clienti dell'agenzia?

A. I clienti non devono creare un clima di paura per la vostra agenzia.
B. Per un notevole grado, il comportamento del client determina il successo o il fallimento di una buona campagna pubblicitaria.
C. Lasciare la vostra agenzia di pubblicità per fare il fine creativo del lavoro; non competere con loro in questa zona.
D. lavorare direttamente con la vostra agenzia come il capo della vostra azienda.
E. Verificare che la vostra agenzia di pubblicità è ben versato per aumentare i profitti ogni trimestre. Potete scommettere che penalizzerà o li sparare se le vendite vanno giù in un trimestre, quindi preparatevi a pagare loro bene per il successo.
Spese F. tuo dell'agenzia sono misurati in ore; se volete ulteriori ricerche, pre-test, presentazioni di test, prove pubblicitari spaccati, spot tv, spot radio, giornali locali, essere disposti a pagare per ciascuno di questi servizi aggiuntivi in base alle tariffe orarie di fatturazione. La tariffa oraria per ciascuna di queste e di altre attività può variare, ma deve essere negoziato in anticipo di contratto.
G. essere sincero con la vostra agenzia ed avere la vostra agenzia sia sincero con voi.
Numeri H. generalmente non mentono; solo le persone mentono. Se i numeri dicono che è tempo per una nuova campagna pubblicitaria; seguire i numeri. Se i numeri sono buoni, non aggiustarlo se non è rotto.
I. Interruttore ai programmi mensili da piani trimestrali. Meglio trovare un tacchino in un mese o una grande campagna pubblicitaria in un mese.

ICA e HW 14

Rispondi alle seguenti saggi:

1. Perché non dovreste bullo vostra agenzia di pubblicità?
2 Perché il fine creativo della campagna pubblicitaria provengono dalla agenzia?
3 Perché si deve premiare la vostra pubblicità agenzia bene per mesi e trimestri redditizi?
4 Perché si deve essere consapevoli della quantità di ore la vostra agenzia di pubblicità spenderà per conto vostro?

5. Come dovrebbe comportarsi la tua azienda in relazione ai numeri che vengono in ogni mese o trimestre?

6 Perché i piani mensili più efficace di piani trimestrali?

Ulteriori risorse di Internet per questa lezione:

Risorse generali

http://www.askmrmovies.com

Creatività: The Movie (non è grande che si può imparare ad essere creativi da un film che ho un ponte vorrei vendere anche in Brooklyn?)

http://www.creativitymovie.com/

Creatività nella pubblicità

http://hbr.org/2013/06/creativity-in-pubblicità-quando-it--opere e-quando-si-doesnt/ar/1

Fatturazione in Pubblicità

http://advertising.about.com/od/advertisingglossaryb/g/Billings.htm

Introduzione alla Lezione Quindici

Costruire una grande campagna pubblicitaria non è per lo più di fortuna (anche se c'è un po 'di fortuna coinvolto); ci vuole un grande sforzo di ricerca e di duro lavoro. Sopra ogni altra cosa, ci vuole disciplina. Questo piano schema della lezione esamina buon consiglio di Ogilvy su come costruire una campagna pubblicitaria solida.

Lezione 15 - Come costruire una campagna pubblicitaria solido

A. essere altamente disciplinato con il vostro piano e l'attuazione
B. Ci sono quattro buoni annunci:
1 Qualsiasi pubblicità che le OKS client (secondo una scuola di pensiero)
2 Qualsiasi pubblicità che viene ricordato dal pubblico e l'industria
3 Qualsiasi pubblicità che vende senza attirare l'attenzione sulla pubblicità, ma solo per il prodotto
4. Qualsiasi pubblicità che aumenta le vendite del trimestre precedente (parere dell'autore)
C. La creatività può essere sopravvalutata. Più importante di creatività sono aumenti di vendite nel corso dell'ultimo trimestre.
D. Scopri le realtà di pubblicità. Mail Order si basa quasi esclusivamente sulla pubblicità. Un mese è abbondanza di tempo di prova per questo processo.
E. fare una promessa che è allettante per i clienti del cliente e dare i fatti.
F. Provare a costruire il vostro marchio con i vostri annunci pubblicitari; questo aumenterà le vendite
G. Evitare di sconti e prezzi! Offerte; tendono a sminuire il vostro prodotto
H. Non copiare altri spot di successo o pubblicità; lavorano per gli altri prodotti, ma potrebbero non funzionare per il vostro.

ICA e HW 15

Rispondi alle seguenti saggi:

1. Quali sono considerate buone annunci?
2 Perché creatività sopravvalutato?
3 Qual è l'importanza di una promessa per il consumatore?
4 Perché si sta costruendo marca importante?
5 Perché dovreste evitare di sconti e coupon per il vostro prodotto?
6 Perché è consigliabile non copiare gli altri annunci?

Ulteriori risorse di Internet per questa lezione:

Risorse generali

http://www.askmrmovies.com

The Movie Greatest Ever Sold (documentario 2011) - Buon film di branding

Come costruire Marca

http://www.wikihow.com/Build-Brand-Equity

Creazione di una promessa per il Consumatore

http://www.gazelles.com/columns/Brand%20Promise.pdf

Introduzione alla Lezione Sixteen

Questo è dove le competenze di Ogilvy in Direct Mail viene alla ribalta. In questo piano di lezione contorno, ci porta passo dopo passo attraverso il mondo di Direct Mail scrittura copia degli annunci; l'essenza della buona pubblicità. Questi principi sono solida e sono supportati da campagne pubblicitarie verificabili che hanno fatto milioni di dollari, e possono essere facilmente praticate per e-mail pubblicitarie. Quindi prendere nota.

Lezione 16 - Come scrivere Excellent Copy

A. Il titolo è la parte più importante della vostra copia dell'annuncio. 80% del vostro successo o il fallimento dipenderà dal vostro titolo.
B. Due parole più potenti nella pubblicità sono libero e nuovo.
C. Come è un altro potente frase di pubblicità.
D. Notizie più lunghi di almeno 6-10 Parole vendere più di Notizie più brevi.
E. inserisci il tuo promessa di vendita nel vostro titolo, se possibile.
F. Cercate di includere il nome del marchio nel vostro titolo. Evitare negativi in titoli.
G. Corpo Copy è il testo che si legge sotto il titolo. Evitare analogie; anche quelli semplici.
H. Le prime 50 parole della copia corpo sono estremamente importanti. Se si mantiene l'interesse dopo 50 parole, il lettore generalmente di leggere fino a 500 o anche 1000 parole.
I. I fatti più vi dico nelle Copia corpo, il più prodotto si venderà.
J. Includere testimonianze in Copia corpo, quando possibile; aumentano le vendite.
K. Provare a utilizzare consigli utili per l'utente Copia corpo, aumenta le vendite.

ICA e HW 16

Rispondi alle seguenti saggi:

1. Perché è il titolo della parte più importante della vostra copia dell'annuncio?
2. Perché sono gratuiti e nuove le due parole più potenti nella pubblicità?
3 Perché i titoli più lunghi creano più vendite rispetto a quelle più corte?
4 Perché dovreste includere la promessa e il marchio nel vostro titolo?
5. Perché sono le prime cinquanta parole del vostro corpo Copiare la parte più importante di quella sezione?
6 Perché dovreste includere testimonianze e consigli nella vostra copia del corpo?

Ulteriori risorse di Internet per questa lezione:

Risorse generali

http://www.askmrmovies.com

Citizen Kane (1941) - un classico di pubblicità sui quotidiani

Creazione Notizie semplici per la pubblicità

Testo consigliato:
L'arte di Plain Talk - Flesch

http://advertising.about.com/od/printadsandflyers/a/writingheadline.htm

Creazione di Buona copia per la vostra pubblicità

http://suite101.com/article/writing-ads-copia-a152095

Introduzione alla Lezione Seventeen

In questa lezione piano-quadro, Ogilvy ci porta attraverso l'arte sfuggente di selezionare le foto giuste e creare il giusto tipo di manifesti che guideranno le vendite in su se eseguito correttamente. Una foto vale più di mille parole, ma solo se è l'immagine corretta. Mi capita di condividere il disgusto di Ogilvy per cartelloni pubblicitari lungo le principali autostrade degli Stati Uniti. Tuttavia, essi non producono ricavi, così ... ..

Lezione 17 - Come Illustrare Pubblicità e Poster

A. Il soggetto del tuo annuncio è molto più importante la tecnica utilizzata per crearlo.

B. Ads dovrebbe lavorare sulla curiosità dello spettatore. Ciò richiede qualcosa di noto come storia appello. Ottenere i migliori fotografie assoluto per i tuoi annunci e manifesti sono essenziali solo per avere una possibilità di successo.

C. Le fotografie devono comunicare o telegrafici vostra promessa di vendita al potenziale cliente. Evitare di essere troppo divertente o troppo artistico nel suo annuncio; si toglie la promessa di vendita.

D. Quando si utilizza una foto di un uomo, si perde una grande parte delle donne come potenziali spettatori, se si utilizza una foto di una donna, si perde una parte sostanziale del pubblico maschile. Utilizzare una coppia ogni volta che vende un prodotto neutro sessuale.

E. Se le donne sono il vostro obiettivo, un bambino è il miglior soggetto. Utilizzo di donne sexy di vendere alle donne non funziona così come usando una casalinga pianura. Annunci di colore sono il 50% più efficace rispetto agli annunci in bianco e nero. Folla annunci non funzionano così come annunci singoli soggetti.

F. Evitare mostrando edifici e soggetti inanimati. Ignorare il consiglio di direttori artistici; sono più interessati con l'arte di vendere.

G. annunci che sembrano pagine editoriali fanno il 50% + più in vendita. Assicurarsi che le foto hanno una buona didascalia sotto (e SOLO sotto). Iniziate la vostra copia con una grande lettera iniziale. Evitare lunghi paragrafi. Il primo paragrafo dovrebbe essere di 12 parole o meno.

H. La vostra copia deve essere più ampia di articoli di giornale; che è il più alto rendimento percentuale sugli annunci per la larghezza.

I. Impostare il tuo annuncio in tipo 10 o 11 punti. Più piccolo di questo tipo vende a un tasso molto più basso. Tipo più grande di questo occupa troppo spazio sul tuo annuncio.

J. Utilizzando grassetto è buona dopo tre o quattro punti per rompere la monotonia del tuo annuncio. Inserire anche illustrazioni ogni tre o quattro paragrafi.

K. * Utilizzare elenchi puntati o asterischi * per aiutare il vostro lettore in i paragrafi.

L. Tenere a Nero su bianco per gli annunci. Evitare bianco su nero. Evitare di testo colorato.

M. Il vostro titolo dovrebbe essere la stessa dimensione, dall'inizio alla fine. Evitare annunci in CAPS; Sono più difficili da leggere (perché impariamo a leggere in minuscolo).

N. Per gli annunci promozionali, mettere il coupon nella parte superiore centrale del tuo annuncio e non altrove.

O. Progetto un'immagine di classe nel tuo annuncio. Alla gente non piace essere visto consumare prodotti che gli altri considerano seconda classe.

P. La pubblicità di copia è superiore ai manifesti in oltre il 90% di tutti gli annunci (in base alla Harvard Business School). Buona copia pubblicità è raro come buoni racconti e buoni romanzi. D. Se si deve fare un poster, essere il più scandaloso possibile. Utilizzare foto realistiche ed evitare abstract. Hai cinque secondi per manifesti. L'attenzione del conducente è ancora meno che in molte situazioni di traffico. Utilizzare colori puri forti, non più di tre colori, e tutti contro uno sfondo bianco. Utilizzare il più grande tipo possibile con il vostro marchio (Coca-Cola) visibili (8 parole o meno).

ICA e HW 17

Rispondi alle seguenti saggi:

1. Perché sono i soggetti degli annunci più importanti della tecnica che si utilizza per vendere loro?
2. Perché sono la curiosità e promettono fattori chiave nello sviluppo del tuo annuncio?
3 Perché selezione foto una parte enorme di una campagna pubblicitaria di successo?
4 Perché dovrebbe essere la vostra copia larghezza giornale?
5 Perché dovreste evitare di utilizzare TIPO LARGE nei tuoi annunci?
6 Perché la vostra copia essere molto breve per cartelloni pubblicitari?

Ulteriori risorse di Internet per questa lezione:

Risorse generali

http://www.askmrmovies.com

Bad Writing (documentario) (2012)

Creazione Grande Copia Per Ads

http://www.streetdirectory.com/travel_guide/5015/marketing/kick_starting_body _copy.html

Creazione Grandi Poster

http://www.ehow.com/video_7369054_design-pubblicità-poster.html

Introduzione alla Lezione Diciotto

   Anche se abbiamo avuto 50 anni di spot televisivi dopo l'avvento della agenzia pubblicitaria Ogilvy e Mather, ci sono ancora alcuni, le regole classiche di base del pollice per seguire le cose da fare e non fare di pubblicità televisiva. In questo piano di lezione contorno, esaminiamo come fare un buon 30 secondo annuncio spot.

Lezione 18 - Come fare buona televisione Ads

A. Lo scopo della pubblicità televisiva non è quello di intrattenere, ma di vendere il prodotto.
B. Non usare parole pronunciate da solo in un luogo; assicuratevi di includere foto (s). Se il cliente non la vede, molto probabilmente dimenticare.
C. Hai esattamente 28 secondi per una seconda commerciale posto 30 per comunicare tutti e sette gli elementi della pubblicità. Pressione? Cosa pressione? Questo è ciò che si sono pagati i bucks grandi per, quindi non lamentarti.
D. Provate a fare il vostro NEWS prodotto. Utilizzare l'approccio editoriale, se possibile.
E. Evitare jingles e piccoli detti intelligenti come "Just Do It" e "Ti meriti una pausa di oggi". Sono banale e non fanno una promessa per il prodotto.
F. Utilizzare Primissimo-Ups per i tuoi annunci televisivi. La maggior parte degli schermi televisivi non sono giganteschi. Verificare che il prodotto ottiene un close-up con il nome di essere menzionato come è fotografato.

G. A volte non si può andare bene in tutti e sette gli elementi di pubblicità; adattarsi come molti come si può.

ICA e HW 18

Rispondi alle seguenti saggi:

1 Perché vendere il vostro prodotto più importante di intrattenere lo spettatore?
2. Perché sono immagini o clip essenziale per il tuo annuncio?
3. Perché è la notizia o il metodo editoriale di pubblicità uno degli approcci più efficaci per gli annunci televisivi?
4 Perché dovreste evitare di jingle o detti intelligenti nei tuoi annunci?
5 Perché dovreste utilizzare inquadrature ravvicinate del vostro prodotto nei tuoi annunci?
6 Che cosa si deve fare se non si può andare bene tutti e sette gli elementi di pubblicità al tuo annuncio?

Ulteriori risorse di Internet per questa lezione:

Risorse generali

http://www.askmrmovies.com

Network (1976) - film classico su spot televisivi

Come fotografare uno spot TV

http://smallbusiness.chron.com/television-pubblicità-tecniche-18629.html

Editoriale Pubblicità

http://www.theguardian.com/technology/2009/feb/16/netbytes-annunci-aotw

Introduzione alla Lezione Nineteen

Ognuno gode di un buon pasto. Ma come si fa a differenziare il vostro prodotto alimentare dalle migliaia di altri là fuori nel mercato? Prestare molta attenzione a come Ogilvy può fare si vuole uscire e comprare i cibi più banali (come Kraft Miracle Whip). C'è un metodo per la sua follia.

Lezione 19 - Come fare buone campagne pubblicitarie per prodotti alimentari

A. Costruisci il tuo annuncio attorno l'appetito del consumatore
B. Utilizzare i primi piani di vostro cibo e assicurarsi che essi sono attraenti
C. Non mostrare alla gente nei tuoi annunci alimentari; solo il cibo
D. Usare grandi foto del vostro cibo
E. attenersi a una foto primaria
F. Avere una ricetta che include il cibo; i consumatori amano ricette
G. Non seppellire la tua ricetta nella copia; assicurarsi che sia isolata
H. Stampa la tua ricetta su carta bianca; non sulla foto o sullo schermo
I. avere notizie in vostro annuncio sul vostro prodotto alimentare
J. Fai la tua titolo specifico; non generale
K. inserisci il tuo nome del marchio nel vostro titolo
L. Sii serio annunci alimentari; umorismo o copia intelligente non è raccomandato

ICA e HW 19

Rispondi alle seguenti saggi:

1 Perché dovremmo usare l'appetito del consumatore per vendere il nostro prodotto?
2 Perché la gente dovrebbe essere lasciato fuori di spot alimentari?
3 Perché dovremmo usare principalmente solo una foto per il nostro annuncio cibo?
4 Perché dovremmo includere una ricetta in caso di vendita del nostro prodotto alimentare?
5 Perché dovremmo eliminare umorismo da annunci alimentari?

Ulteriori risorse di Internet per questa lezione:

Risorse generali

http://www.askmrmovies.com

Hamburger (1986)

Come creare Good Food Ads

http://smashinghub.com/36-più-popolare-print-alimentare-advertisements.htm

Come fare annunci alimentari per la TV

http://www.creativebloq.com/3d/top-tv-spot-12121024

Introduzione alla Lezione Twenty (Recensione Lezione Otto Preliminari della lezione)

Ogilvy ci dà qualche buon consiglio su come salire la scala del successo nel business della pubblicità. Ho particolarmente apprezzato i consigli in vacanza e, intenzione di eseguire io stesso. L'altro suo consiglio è altrettanto prezioso, quindi fate attenzione.

Lezione 20 - Come salire la scala del successo in Pubblicità

A. essere ambiziosi, ma non così ambizioso che le persone intorno a voi sentono siete ambiziosi, o che troverà il modo per sabotare voi.
B. Sii umile quando arrivate con il vostro MBA fresca da una scuola Ivy-League; sarete un bersaglio dal tuo primo giorno se non siete.
C. Scopri tutto quello che c'è da sapere sul vostro primo account compresa hands-on, visite di persona, oltre alla ricerca internet.
D. Accertarsi che sei un esperto in titoli e copia del corpo, oltre alle vostre altre abilità.
E. Essere un maestro di presentazioni
F. Mantenere potenziale informativo del cliente del vostro cliente e confidenziali; far credere di essere un sacerdote che ha sentito la confessione di qualcuno.
G. Prendete una solida vacanza di due settimane, senza figli, ma con tua moglie. Dump il bambino (s) a nonna per le due settimane. Non fare nulla ma mangiare, dormire e divertirsi e poi tornare al vostro lavoro rinfrescato.

ICA e HW 20

Rispondi alle seguenti saggi:

1 Perché dovremmo nascondere la nostra ambizione da parte dei nostri impiegati compagni?
2 Perché dovremmo essere umili quando prima di entrare nel nuovo posto di lavoro nella pubblicità?
3 Perché dovremmo fare visite personali al nostro primo cliente (e ogni cliente) oltre alla ricerca internet?
4 Perché dovremmo diventare esperti nella creazione di titoli e corpo del testo per i nostri annunci?
5 Perché dovremmo mantenere la riservatezza con le informazioni del nostro cliente?
6 Perché le vacanze importanti nel settore pubblicitario?

Ulteriori risorse di Internet per questa lezione:

Risorse generali

http://www.askmrmovies.com

La vita è meravigliosa (1946) - vi darà la giusta prospettiva sull'ambizione

Come gestire Office Politics

http://guides.wsj.com/careers/how-a-vincere-carriera-obstacles/how-a-handle-office-politics/

Mantenere del vostro cliente informazioni riservate

http://www.wisegeek.org/what-è-posto di lavoro-confidentiality.htm

Introduzione alla Lezione Twenty-One

Beh, si spera, i precedenti 20 lezioni vi darà un buon inizio sulla tua carriera di pubblicità negli Stati Uniti; ma cosa succede se sei un exec di pubblicità in un posto come ...... la Cina? Qui ci sono un paio di lezioni basate su un accumulo di cinque anni di ricerche sul tema. La Cina è progettato per essere il numero uno partner commerciale degli Stati Uniti entro il 2020 Sarete vendendo molto per loro.

Lezione 21 - Vendita in TV in Cina

A. Vendere su TV in Cina non è come vendere in TV in nessun'altra parte del mondo. E 'completamente unico di pubblicità televisiva, fatta eccezione per gli elementi di base di annunci.
B. Vi è in primo luogo una sola agenzia di pubblicità per tutte le stazioni CCTV in Cina; che sarebbe l'oro (anzi) Ponte Advertising Agency, che ha un monopolio incredibile sulla pubblicità all'interno della Cina.
C. Pur avendo un monopolio, Golden Bridge crea numerosi spot televisivi e annunci spettacolari per i suoi clienti; soprattutto nella loro pubblicità destinazione di viaggio. Anche i prodotti così banale come l'acqua minerale sono oggetto di un trattamento di prima classe da questa agenzia annuncio di prima classe.
D. Macchie sulla televisione cinese possono variare ampiamente. Negli Stati Uniti e molti altri paesi, il punto medio è o 15 secondi o 30 secondi. In Cina, il posto può essere fino a due minuti. La maggior parte dei punti sono ancora 15 o 30 secondi, però. Sembra che ci sia un po 'più spazio per la creatività e diverse lunghezze di annunci per la televisione cinese.
E. annunci cinesi utilizzano spesso attori occidentali e attrici per qualche ragione, anche se il 99% o più dei loro consumatori sono cinesi. Non riesco a vedere il vantaggio economico di usare parole o attori occidentali in qualsiasi annuncio cinese. Se il 95% (5% può capire un pò di inglese molto BASIC in Cina) del vostro pubblico consumatore non capisce il tuo annuncio, si sta sprecando il 95% del proprio budget pubblicitario. Utilizzare caratteri cinesi, attori cinesi e oggetti di scena cinesi per vendere oggetti americani o occidentali; la vostra pubblicità sarà resa molto più in risultati.
F. Le stesse macchie correre più e più volte in televisione cinese. Non è chiaro se questo sia perché non vi è la creatività limitata nel settore della pubblicità, o se le società stanno tirando in un numero consistente di vendite ogni mese; nel qual caso sarebbe corretto non risolvere nulla se non è rotto.
G. Gli annunci di maggior successo sono quelli che comprendono oggetti con bassi costi unitari, come l'acqua potabile, tè freddo e altri oggetti semplici. Questi prodotti hanno la popolazione più ampia dei consumatori in Cina e così li mira è molto più facile, allora, diciamo, targeting per il mercato diritto di vendere BMW.
H. Guadagnare tempo nelle fasce orarie giuste è la chiave per molte grandi aziende. Pubblico cinese amare programmi talenti e hanno i più alti indici di ascolto di tutte le trasmissioni cinesi. Di conseguenza, questi intervalli di tempo sono i più costosi per fare pubblicità a, ma si ottiene

quello che si paga.
I. Prima di fare qualsiasi pubblicità si intende onda su CCTV, assicurarsi di rispettare tutte le regole di censura PRIMA in onda il commerciale. Le regole sono pubblicamente elencati nel sito Xinhuanet.com.

ICA e HW 21

Rispondi alle seguenti saggi:

1 Come faccio TV cinese e spot differiscono dalla TV occidentale e spot pubblicitari.
2. Perché è l'agenzia pubblicitaria Ponte d'Oro importante in Cina?
3. Perché molti clienti pubblicitari cinesi corrono gli stessi annunci più e più volte?
4. Perché sono articoli a basso costo unitario più sicure economicamente per pubblicizzare di articoli del biglietto grande?
5. Perché è l'intervallo di tempo giusto e un programma molto importante per il successo del tuo annuncio?
6 Perché si deve verificare con Xinhua regolamenti del sito web che disciplinano la pubblicità televisiva prima di fare il tuo annuncio?

 Ulteriori risorse di Internet per questa lezione:

risorse generali

http://www.askmrmovies.com guardare la TV cinese come i cinesi a

http://www.imdb.com/title/tt1261968/

Migliori Programmi TV cinesi per la pubblicità su

http://bbs.chinadaily.com.cn/thread-852713-1-1.html

Cinesi Televisione Regolamenti Pubblicità

Introduzione alla Lezione Twenty-Two

Vendere su Internet in Cina è come tornare indietro di dieci o quindici anni di tempo e la tecnologia dal mercato internet statunitense e occidentale. La maggior parte dei siti sono, naturalmente, completamente cinese. Alcuni siti cercano di combinare inglese e cinese, ma di solito finiscono con Chinglish (una pessima forma di inglese con l'ortografia orrendo e errori di grammatica). Vorrei consigliare un sito cinese-solo, a meno che non si sta vendendo l'educazione occidentale, siti di viaggio occidentali, o di oggetti di lusso occidentali. Naturalmente, la soluzione migliore sarebbe quella di avere una copia scrittore occidentale superiore e un top scrittore copia cinese sullo stesso personale; buona fortuna con quella formula. Gli occidentali pensano di essere dei geni annunci e cinesi pensano di essere dei geni di annunci. Il fatto della questione è che entrambi sono sbagliato la stragrande maggioranza del tempo.

Lezione 22 - Vendere su Internet in Cina

A. La connessione internet in Cina è una sfida interessante per gli imprenditori. E 'conoscenza piuttosto comune che c'è una quantità enorme di censura del governo per vari motivi (la maggior parte di essi economica). Ad esempio, è necessario che il governo cinese per tenere fuori i social network come Facebook da internet cinese, in modo che aziende come QQ e Sogou possono dominare il mercato del social networking e fare i soldi per le imprese cinesi. Le imposte riscosse su tali società, naturalmente, poi andare a destra al governo cinese. Ci sono molte buone ragioni per cui il PIL cinese ha dominato il mercato mondiale per un certo numero di anni e questo è uno di loro. Cina, tuttavia, non è l'unico paese che pratica questa forma di protezionismo.
B. Nonostante le limitazioni di Internet in Cina, ci sono ancora molte opportunità di siti web per le piccole e medie imprese. I principi fondamentali della costruzione del sito web detengono ancora vero per la Cina così come il resto del mondo; il sito deve essere ben organizzato, ben pubblicizzato e avere una nicchia, o qualcosa di diverso dai numerosi concorrenti che sono online.
C. Il governo cinese è molto severa sulla prevenzione della pornografia, truffe di ogni

tipo, la vendita di elementi discutibili, quali marchi falsi o qualsiasi cosa che violi i diritti di proprietà intellettuale di altri (contrariamente a quello che si può avere sentito).
Inoltre, i nomi illustri politici come Mao Zedong e gli altri non possono essere usati per vendere oggetti su internet in Cina.
D. Se vendi i tuoi oggetti su internet, l'utente è responsabile a pagare il governo cinese una percentuale fissa delle vostre vendite in tasse. Alibaba e Taobao sono due aziende internet di successo che stabiliscono gli standard per le aziende Internet cinesi.
E. E 'ammissibile per il vostro sito web per essere ospitato in altri paesi al di fuori della Cina. Sei ancora responsabile, tuttavia, per le imposte cinesi. Siti web cinesi dovrebbero essere principalmente in cinese a meno che la vostra azienda è la vendita di materiali in lingua inglese o altre merci occidentali specifici.
F. Negozi e aziende in Cina che non hanno un sito web funzionante che genera un flusso di entrate affidabile sarà uno svantaggio per i negozi e le imprese che sono in grado di creare siti web di successo.

ICA e HW 22

Rispondi alle seguenti saggi:

1. Perché sta sviluppando un sito web una sfida in Cina?
2 Quali sono alcune delle principali preoccupazioni del governo cinese sul Internet in Cina?
3 Come si deve gestire la questione delle tasse per il vostro sito web di successo?
4. Perché è la lingua del sito web, una delle principali preoccupazioni?
5 Perché i siti web aziendali di successo hanno un vantaggio rispetto a imprese che non dispongono di uno?

Ulteriori risorse di Internet per questa lezione:

risorse generali

http://www.askmrmovies.com

The Social Network (2010) - Storia di Facebook e Mark Zuckerberg affascinante

Siti web cinesi

http://www.alexa.com/topsites/countries/CN

Tasse cinesi

http://en.wikipedia.org/wiki/Taxation_in_China

Introduzione alla Lezione Twenty-Three

Uno dei miei argomenti preferiti in aula è l'esame delle piccole imprese in Cina; soprattutto quelli che vendono nei mercatini e nelle strade. Che ci crediate o no, questi milioni di imprese hanno un tasso di successo molto più elevato rispetto a quelli che si applicano per i prestiti della Banca di Cina. Perché? Perché sono molto più piccoli e comprendono un rischio molto più basso. Ci sono ancora una notevole quantità di fallimenti (misurato su una scala tre anni), ma il tasso di successo è quasi il 30% (o più di tre volte superiore a quello delle imprese più grandi). La maggior parte di questi venditori ambulanti non pagano per lo spazio o affitto. Molti hanno pochissime spese al di fuori del loro inventario. Uno dei principali svantaggi, tuttavia, di queste imprese di strada è la mancanza di differenziazione; è possibile trovare un centinaio di altri venditori ambulanti che vendono gli stessi articoli esatti. Questo porta a circa il 70% di loro alla fine ottenere svenduta e andare fuori mercato. Un altro grave inconveniente è la mancanza di competenze tecniche tra milioni di questi fornitori; molti dei quali non hanno un computer o sito web.

Lezione 23 - vendono per strada in Cina

A. di vendita per le strade di città cinesi è uno degli sforzi più redditizi per molti uomini d'affari cinesi. Il rischio è più basso, c'è poco o nessun affitto da pagare, le tasse sono raramente, se mai pagato, e il tasso di successo di questi milioni di piccole imprese è di circa tre volte superiore a quello delle imprese finanziato in Cina che hanno un tasso di fallimento del 92% entro tre anni secondo Bank of China di servizi di prestito.

B. È necessario vivere in città si sta vendendo le vostre merci di strada e di essere al vostro tavolo per circa dodici ore al giorno. Questo può essere un'esperienza impegnativa, ea volte poco gratificante quando le vendite sono lenti.

C. di vendita per le strade della Cina è molto sicuro e c'è molto poco furto a causa dei costumi sociali della stragrande maggioranza dei cinesi. Contrattazione, però, è un altro gioco della palla del tutto. Quasi ogni cliente contrattare per quasi ogni articolo. Ecco perché il prezzo originale non è mai il prezzo che il venditore ambulante si aspetta di ricevere. Si può facilmente aspettare ovunque da 10-20% ogni articolo e fino al 50% di sconto se si spende un sacco di soldi.

Venditori ambulanti D. cinesi sono in balia del maltempo, pessima posizione, e la concorrenza di altri 100 venditori che vendono le stesse cose che hanno. Questo fornisce al consumatore con un sacco di munizioni per contrattazione. Nonostante questi inconvenienti, molti venditori ambulanti ancora fare un buon profitto entro la fine della giornata.

E. Se un venditore ambulante è abbastanza saggio da avere una nicchia o un po 'di differenziazione, essi prosperano molto di più di venditori ambulanti standard.

Venditori F. Street che sono esperti di tecnologia e hanno una nicchia sarà quasi garantito per fare un bel po 'di soldi. Un sito web locale che è riuscita a creare un flusso di entrate affidabile in aggiunta a una posizione in tempo reale con beni differenziati è una combinazione letale nel mercato delle pulci.

ICA e HW 23

Rispondi alle seguenti saggi:

1. Come venditori ambulanti in Cina confronta con altre piccole e medie imprese in Cina?

2 Perché devi vivere dove si fanno affari come un venditore di strada in Cina?

3. Come contrattazione entrare nella fissazione dei prezzi delle merci che un venditore ambulante in Cina ha.

4. Perché è un fattore chiave di differenziazione per il successo di un venditore ambulante cinese?
5 Come si fa esperienza tecnica aggiungere al vantaggio di venditore ambulante cinese?

Ulteriori risorse di Internet per questa lezione:

risorse generali

http://www.askmrmovies.com

Vita Street (2006) - uno sguardo candido ai lavoratori migranti cercano di fare soldi come venditori ambulanti

Venditori cinesi di strada

http://triciawang.com/bytes-di-china/2011/12/19/street-vendor-vita-in-china.html

Principali mercati delle pulci cinesi

http://www.tour-beijing.com/blog/beijing-travel/top-10-Pechino-markets/

Introduzione alla Lezione Twenty-Four

E, naturalmente, ci sono i normali negozi cinesi e negozi. Questi hanno un tasso di successo un po 'più alto rispetto alle imprese più grandi, ma inferiore a venditori ambulanti perché devono pagare l'affitto e di solito non sono differenziati da decine di altri negozi che vendono esattamente gli stessi articoli in altre parti della città (a volte sullo stesso blocco !). Continuate a leggere prima di prendere una decisione di aprire un negozio dopo la laurea al college.

Lezione 24 - Vendita in negozi in Cina

R. Ci sono tre gruppi principali di negozi in Cina; negozi su strade principali, negozi su strade laterali, e negozi in centri commerciali. Negozi in centri commerciali sono quasi sempre costosi, ma sono un po 'differenziato dalla maggior parte degli altri negozi nelle strade. Memorizza per le strade principali sono quasi sempre più costosi rispetto i negozi per le strade laterali e di solito hanno le merci che non quella ben differenziati. Memorizza le strade laterali saranno quasi sempre meno costoso per il consumatore, ma anche soffrono di una mancanza di differenziazione nella maggior parte dei casi.

Negozi B. Mall sarà il più delle volte sono molto alti affitti da pagare e devono fare una quantità X di volumi di vendita solo per andare in pari. Il tasso di fallimento di questi negozi è superiore al 90% secondo la Banca di Cina. Fallimento di solito si verifica a causa di una mancanza di buona pubblicità, un fallimento per differenziare, e avere una mancanza di competenze tecniche per creare un sito web di successo.

C. negozi ubicati nelle strade principali hanno un tasso di successo un po 'superiore ai negozi centro commerciale, ma ancora soffrono le stesse carenze che hanno negozi centro commerciale. Il loro tasso di fallimento è superiore all'80%.

D. negozi ubicati in strade laterali sembrano essere un po 'più successo di quelli situati nelle vie principali o nei centri commerciali, perché cinesi hanno imparato nel corso degli anni (e stranieri) per fare acquisti su strade laterali per ottenere prezzi migliori e di risparmiare denaro (un passatempo nazionale cinese). Il tasso di fallimento qui è ancora oltre il 70% a causa delle stesse ragioni i negozi centro commerciale e la strada principale falliscono.

E. A differenza dei mercati delle pulci e venditori ambulanti, negozi centro commerciale e principali negozi di strada raramente contrattare con i loro beni. Si potrebbe ottenere una riduzione di occasionale, ma saranno generalmente attenersi ai loro prezzi, perché hanno in testa scomposto nei prezzi di inventario.

Negozi di via F. collaterali sono molto più propensi a offrire ai clienti uno sconto e sono pronti a contrattare per praticamente tutto quello che hanno, tranne per i prodotti alimentari.

ICA e HW 24

Rispondi alle seguenti saggi:

1 Quali i tre principali tipi di negozi in Cina e come si differenziano?
2. Quali i vantaggi e gli svantaggi di un negozio di centro commerciale in Cina?
3 Quali i vantaggi e gli svantaggi di negozi situati strade principali in Cina?
4 Quali i vantaggi e gli svantaggi di negozi situati nelle strade laterali in Cina?

5. Come tutti e tre questi tipi di negozi differiscono dai mercati delle pulci e venditori ambulanti?

Ulteriori risorse di Internet per questa lezione:

risorse generali

http://www.askmrmovies.com

Una storia semplice Noodle (2009) - Buona comprensione su come è gestito un business cinese nativo

Negozi cinese Mall

http://www.chinatouristmaps.com/top-10s/shopping-malls.html

Negozi cinesi su Streets (Ristoranti)

http://www.simsimhamara.info/chinese-ristorante-business-plan-perché-you-need-one/

epilogo

Spero che abbiate goduto il viaggio attraverso il mondo della pubblicità. Non lasciate che i numeri spaventosi di fallimento ti impedisca di provare la tua mano a pubblicità. Meglio hanno provato e fallito piuttosto che non aver mai provato a tutti. Lo stesso vale per provare la propria attività. Segui la tua beatitudine come un grande uomo disse una volta. La vita è una lunga strada; scendere su una delle strade laterali e fare un po 'di shopping per divertimento.

www.ingramcontent.com/pod-product-compliance
Lightning Source LLC
Chambersburg PA
CBHW071727170526
45165CB00005B/2182